Eine faszinierende Reise durch ganz Vorarlberg

Hi!

Bei „Min Weag" – Vorarlbergerisch für „Mein Weg" – geht es darum, Vorarlberg zu um- und erwandern und damit die wahre Größe des vermeintlich kleinen Bundeslandes zu erfahren. Auf dem Weg können Wanderer die Vielfalt Vorarlbergs entdecken und so den Charakter der Region erleben. Wandern ist eine Schule des Sehens und des Entdeckens – Schritt für Schritt nimmt man die Umgebung bewusst war, wird feinfühlig für die Veränderungen, die sich auf dem Weg ergeben. Aus Siedlungsgebieten geht es in Kulturlandschaften und in wilde, unberührte Natur. Diese landschaftliche Wahrnehmung soll neben der sportlichen Betätigung ebenso im Vordergrund stehen.

In diesem Buch finden Wanderer alles, was sie brauchen: kompakte Wegbeschreibungen, Strecken- und Höhenprofile und Tipps rund um die Weitwanderung. Das Buch bietet aber auch mehr. 31 Kurzgeschichten laden ein, unterschiedliche Aspekte Vorarlbergs kennenzulernen. Sie drehen sich rund um Geschichte, Geologie und das Leben der Menschen in Vorarlberg. Die Texte sollen informieren und vielleicht die Neugier wecken, sich verstärkt mit dem einen oder anderen Thema zu beschäftigen.

Auf der Wanderung erlebt man die verschiedenen Landschaftsräume Vorarlbergs. Vom Bodenseeufer durch Siedlungen, Wald- und Alpgebiete, bis hinauf zu den höchsten Gipfeln des Landes. Das individuelle Wandererlebnis steht im Vordergrund, jeder kann „Min Weag" nach eigenem Wunsch gestalten. Die wenigsten werden es schaffen, alle 31 Etappen auf einen Satz zu wandern, aber darum geht es auch nicht. Es geht darum, seinen Weg zu gehen und dabei ein ganzes Land zu entdecken.

Wir wünschen ganz viel Wander- und Lesevergnügen!

Gernot Schweigkofler und das Redaktionsteam von Vorarlberg Tourismus

„Min Weag" – auf dem Weg rund um Vorarlberg

Rund 400 Kilometer und 23.000 Höhenmeter in Auf- und Abstieg: Vorarlberg zu umrunden ist eine beeindruckende Herausforderung. Dafür bekommt man als Wanderer aber viel geboten. Sanfte Wiesen, schattige Wälder, schroffe Berglandschaften und türkise bis dunkelblaue Bergseen entdeckt, wer die Herausforderung annimmt und das westlichste Bundesland Österreichs zu Fuß umwandert. 31 Tagesetappen lang ist der Rundweg „Min Weag". Schritt für Schritt erfährt man dabei, was es heißt, in der Natur unterwegs zu sein, den Alltagsstress von sich abfallen zu lassen und sich nur auf sich selbst und die wunderbare Landschaft zu konzentrieren. Auch der Genuss kommt dabei nicht zu kurz: Herrliche Ruhe, grandiose Aussichten und gutes Essen und Trinken gehören zur Wanderung unbedingt dazu. Man muss nur den ersten Schritt wagen und sich auf den Weg machen.

Es geht aber noch um viel mehr, als sich durch eine vielseitige und faszinierende Landschaft zu bewegen. Denn wer sich auf den Weg macht, der wird allerhand über Land und Leute erfahren. Diesem Punkt soll mit diesem Wanderführer ganz besonders Rechnung getragen werden. Zu jeder Etappe gibt es einen Abschnitt „Wissenswertes", der auf die unterschiedlichsten Aspekte den Scheinwerfer richtet: auf die Natur, die Regionen, die Geschichte und die Geschichten, die das Land Vorarlberg prägen und geprägt haben. Dabei wird geschmuggelt, gewildert, gejasst, erstbestiegen, gekäst, rätoromanisch gesprochen – und vieles mehr. Wir stellen uns das so vor: eine Geschichte pro Etappe – für zwischendurch auf der Aussichtsbank oder als Gute-Nacht-Geschichte in der Unterkunft. Vertieft werden können diese Themen anschließend gerne anhand der ausführlichen Literaturliste.

Die 31 Etappen von „Min Weag" kann der mutige, willensstarke, mit guter Ausrüstung und viel Freizeit ausgestattete Wanderer in einem Stück bewältigen. Aber nicht jeder hat so viel Zeit oder Ausdauer. Für alle, die Lust auf weitwandern haben – aber nur für eine kürzere Zeit –, gibt es im

Wanderführer mehrtägige Beispieletappen (Seite 9). „Min Weag" heißt im Vorarlberger Dialekt „mein Weg" und deshalb können sich alle ihren Weg auch so zurechtlegen, wie sie ihn erleben möchten. Am Ende wird man immer um viele Erfahrungen reicher sein und hat ein wunderschönes Land intensiv erlebt. Machen Sie „Min Weag" zu Ihrem Weg. Jede Reise beginnt mit dem ersten Schritt und die tausenden Schritte rund um Vorarlberg werden sich lohnen. Versprochen.

Fingerzeige und Schwierigkeitsgrade am Weg rund um Vorarlberg

Vorarlberg bietet 6.000 Kilometer einheitlich beschilderte Wanderwege. Ist der Weg leicht, mittel oder anspruchsvoll und erfordert Bergerfahrung? Wie lang ist die Gehzeit und welche Ziele liegen am Weg? Diese Fragen beantworten die Wegweiser, die auf den Wegen in Gehrichtung montiert sind. Sie beinhalten die wichtigsten Haupt- und Zwischenziele mit Gehzeiten und erleichtern so die Orientierung. Ist zwischen den Zielen ein „Routen-Trennungsstrich" angebracht, wird auf ein Abzweigungsziel aufmerksam gemacht. Bitte beachten Sie: Für die 31 Etappen von „Min Weag" gibt es keine Zusatzbeschilderung, es handelt sich dabei um Routen des Vorarlberger Wanderwegenetzes.

Das einheitliche Wanderwegekonzept macht das Wandern aber nicht nur komfortabel, sondern auch sicher: Denn auf den Wegschildern gibt es neben dem Hinweis VWW (Vorarlberger Wanderwege) auch eine Standortnummer. Diese Nummer ist bei der Rettungs- und Feuerwehrleitstelle, der gemeinsamen Einsatzzentrale aller Rettungsorganisationen in Vorarlberg, zentral erfasst. Im Notfall kann der genaue Standort des Verunfallten bestimmt werden. Somit ist rasche Hilfe gewährleistet.

Die Wanderwege sind außerdem in drei Schwierigkeitsgrade unterteilt (siehe Abbildung unten). Vor Antritt der Wanderung sollte man sich mit diesen Abstufungen gut auseinandersetzen und realistisch die eigene Fähigkeit und Kondition einschätzen. Gelb-weiße Markierungen kennzeichnen leicht begehbare, bequeme, sichere und gut ausgebaute Wanderwege. Weiß-rot-weiße Markierungen stehen für mittelschwere, naturnah angelegte Wege, die mit Schuhen mit griffiger Sohle prinzipiell gut begehbar sind, jedoch stellenweise etwas schmal, steinig und ausgesetzt sind. Sie erfordern bereits eine höhere

MARKIERUNG	KARTENSIGNATUR	CHARAKTERISTIK
		Spazier- oder Wanderweg – leicht begehbar (feste Schuhe zu empfehlen)
		Bergwanderweg – bergtaugliche Schuhe mit griffiger Sohle empfohlen
		Alpiner Steig – Bergerfahrung, Trittsicherheit und Schwindelfreiheit erforderlich

Die Markierungen finden sich auf den Tafeln der Wegweiser, an Bäumen, Pfosten oder Steinen.

Vorsicht, bessere Kondition und Wandererfahrung. Weiß-blau-weiße Markierungen finden sich auf anspruchsvollen alpinen Steigen, bei denen Bergerfahrung, Trittsicherheit und Schwindelfreiheit unbedingt notwendig sind. Hier ist hohe Eigenverantwortung nötig und es ist mit erhöhten alpinen Risiken zu rechnen. Mitbedacht werden sollen bei den Schwierigkeitsgraden immer äußere Umstände und die aktuelle körperliche Verfassung: Bei schlechter Witterung können leichte Abstiege tückisch werden und wer erschöpft ist, ist weniger trittsicher.

Drei Etappen auf „Min Weag" sind als leicht kategorisiert: die Etappe 1 von Bregenz hinauf auf den Pfänder zur Jausenstation Moosegg; die Etappe 25 von Gurtis nach Feldkirch; und die Etappe 31 von Bildstein der Bregenzerache und dem Bodensee entlang nach Bregenz.

Mittelschwere Etappen prägen die Erfahrungen auf dem Rundwanderweg, denn gleich 22 der 31 Tagesetappen sind als solche klassifiziert. Die Etappen variieren dabei hinsichtlich der Länge und führen teilweise über Bergpfade, die aber nicht besonders ausgesetzt sind. Trotzdem sollte man unterwegs konzentriert bleiben, auch eine übersehene hervorstehende Baumwurzel kann schmerzhafte Folgen haben.

Sechs Etappen auf Min Weag sind als schwer kategorisiert. Etappe 4 vom Hochhäderich ins Lecknertal; Etappe 8 von Schönenbach nach Mittelberg; Etappe 12 von der Stuttgarter Hütte zur Kaltenberghütte; Etappe 13 von der Kaltenberghütte zur Konstanzer Hütte; Etappe 15 vom Zeinisjoch zur Bielerhöhe; und Etappe 19 von

Gargellen auf die Tilisunahütte. Die Etappen sind dabei nicht zwangsläufig lang, jedoch technisch anspruchsvoll. Ohne Trittsicherheit und Schwindelfreiheit geht auf diesen Abschnitten gar nichts.

Gut geplant: Die Vorbereitungen für die Wanderung

Die Entscheidung ist gefallen: Sie machen sich auf „Min Weag". Aber so eine mehrtägige, vielleicht sogar einmonatige Wandertour ist eine Aufgabe, die nicht auf die leichte Schulter zu nehmen ist. Da wären wir schon beim Thema: Eine Weitwanderung bedarf einer ausgiebigen Vorbereitung. Dazu gehören vor allem drei Dinge: Eine gute Tourenplanung, die Beobachtung des Wetters und die Überlegungen zur Ausrüstung. Beachten Sie zusätzlich: Beginn und Ende der Wandersaison können aufgrund der Schneeverhältnisse variieren. Auskunft erhält man im Zweifelsfall bei den jeweiligen Tourismusbüros oder Alpenvereinssektionen.

Als Erstes sollte man sich also über die Route informieren, die man gerne erwandern möchte. Hilfreich hierbei sind die Infos zum Wanderwegekonzept und den Schwierigkeitsgraden (Seite 5) sowie die mehrtägigen Beispieletappen als Entscheidungshilfe (Seite 9). Es wird außerdem immer empfohlen, ausreichend bzw. zusätzliches

Kartenmaterial mitzunehmen. Bedenken Sie zudem, dass Sie zu Beginn einer Weitwanderung alles ein bisschen langsamer angehen sollten. Der Körper braucht Zeit, um sich an die Höhe und Anstrengung zu gewöhnen. Zur Sicherheit: Geben Sie immer in der Unterkunft Bescheid, welchen Weg Sie geplant haben und wann Sie voraussichtlich ankommen. Außerdem: Bleiben Sie stets auf den markierten Wanderwegen.

Als Zweites sollten Sie sich vor Tourenbeginn über die Großwetterlage für den geplanten Zeitraum informieren. Es ist empfehlenswert, täglich die Wettervorhersage zu überprüfen und bei Regen, Nebel und Unwetter besser zu Hause oder in der Hütte zu bleiben. Auch während der Wanderung können die Wettertendenzen beobachtet werden. Vergleichen Sie die aktuelle Lage mit der Prognose und kehren Sie bei Wetterverschlechterung rechtzeitig um. Bedenken Sie auch, dass sich in der Höhe die Temperaturen verringern: pro 100 Höhenmeter um 1 °C.

Nicht zuletzt sollte man sich den Inhalt des Rucksackes gut überlegen. Dabei gilt es, den richtigen Mittelweg zu finden. Man sollte natürlich alles mitnehmen, was man braucht – aber auch nicht mehr. Damit die Gepäcksfrage etwas erleichtert wird (im wahrsten Sinne des Wortes!), finden sich hier die wichtigsten Gegenstände, die man auf jeden Fall dabeihaben sollte. Eine Erweiterung nach eigenen Vorlieben ist dabei immer möglich, allerdings sollte nicht vergessen werden: Jedes zusätzliche Mitbringsel hat zusätzliches Gewicht. Und bei einer mehrtägigen Tour zählt auf jeden Fall jedes Gramm. Worüber man sich ebenfalls im Klaren sein sollte: Eine Weitwanderung ist ein Abenteuer, kein Luxusurlaub. Da ist es klar, dass man die eigene Bequemlichkeit etwas herunterschrauben muss. Aber: das macht es ja mitunter so unglaublich spannend.

Die wichtigsten Utensilien sind gut eingelaufene, knöchelhohe Bergschuhe – mit neuen Schuhen zu starten endet meist mit Blasen an den Füßen. Genauso wichtig ist es, gutsitzende und am besten spezielle Wandersocken zu tragen. Zu lockere und verrutschende Socken sorgen nämlich auch für wunde Füße. Darüber hinaus benötigt man natürlich die entsprechende Kleidung. Dabei sollte man an das Zwiebel-Prinzip denken, die Temperaturen können im Gebirge nämlich auch in den warmen Jahreszeiten stark schwanken. Eine Schutzhülle für den Regen sollte ebenso eingepackt werden wie Sonnenbrille mit UV-Schutz und eine Kopfbedeckung. In den Rucksack gehört natürlich auch Wechselkleidung – hier bitte gut abwägen, was wirklich gebraucht wird. Für die Übernachtung auf Berghütten braucht es einen Hüttenschlafsack, einen Hygienebeutel und ein kleines Mikrofaser-Handtuch, das schnell trocknet. Bei den Hygieneprodukten kann man sehr gut einsparen, für das volle Wanderfeeling genügt ein Stück Ganzkörper-Seife.

Hausschuhe oder Flip-Flops für die Hütten sind immer eine gute Idee. Ohrstöpsel können bei Übernachtungen im Lager sehr hilfreich sein. Ausreichendes Trinken ist notwendig, aber nicht überall möglich: eine 1,5-Liter-Trinkflasche sollte also jedenfalls auch ins Gepäck. Dazu eine Brotdose und Energieriegel. Taschenmesser und Stirnlampe können sich ebenfalls als nützlich erweisen. Wichtig ist zudem ein Erste-Hilfe-Set und ein Biwak-Sack oder eine Rettungsdecke für den Notfall. Blasenpflaster, Sonnencreme und ein Tape-Verband gehören auch in den Rucksack, ebenso wie eine Schnur, Panzertape und andere Utensilien zum Flicken und Reparieren. Außerdem benötigt man auf jeden Fall das Handy oder Smartphone inklusive Ladegerät. Auch wenn wir in den Bergen die Ruhe genießen wollen, ist das Mobiltelefon für Notfälle ein wichtiges Hilfsmittel. Wer die Tierwelt der Alpen bestaunen will, kann auch einen kleinen Feldstecher einpacken. Nicht vergessen werden darf, dass man genügend Bargeld mitnimmt. Auf den Hütten kann man meist nicht mit der Debit- oder Kreditkarte bezahlen und die Möglichkeiten, Geld zu beheben, sind auf den meisten Etappen eher gering. Damit Sie unterwegs alles rund um „Min Weag" und Vorarlberg erfahren können, gehört natürlich auch dieses Buch in den Rucksack.

Eine gute Idee ist es, den fertig gepackten Rucksack schon vor Weitwanderbeginn für kleinere Touren auszuführen. Das hilft, ein Gefühl für das Gewicht zu bekommen. Eine ausgeglichene Verteilung des Gewichts ist ebenfalls von Vorteil. Außerdem: die wichtigsten Dinge sollten möglichst schnell erreichbar am Rucksack angebracht sein.

Die wichtigsten Wanderutensilien auf einen Blick:

- Rucksack mit einem Fassungsvermögen von ca. 30 bis 40 Litern
- Gut eingelaufene Bergschuhe, die über den Knöchel ragen
- Funktionsunterwäsche und gut sitzende Wandersocken (z. B. aus Merinowolle)
- Schutzhülle für Regen
- Wechselkleidung, so viel wie notwendig
- Kopfbedeckung, Sonnenbrille, Mütze, Handschuhe
- Hüttenschlafsack, Mikrofaser-Handtuch, nur die nötigsten Hygieneprodukte
- Hausschuhe für die Hütten, Flip-Flops zum Duschen
- Ohrstöpsel
- Trinkflasche mit 1,5 Liter Fassungsvermögen
- Brotdose, Energieriegel, Traubenzucker
- Taschenmesser, Stirnlampe
- Erste-Hilfe-Set, Biwak, Rettungsdecke
- Blasenpflaster, Wundpflaster, Sonnencreme, Tapeverband, Schmerzsalbe, Schmerztabletten, Medikamente
- Schnur, Panzertape, Notfall-Reparier-Kit
- Mobiltelefon/Smartphone und Ladegerät
- Kleiner Feldstecher
- Ausreichend Bargeld
- „Min Weag"-Wanderführer
- Eine gehörige Portion Humor und eine gute Singstimme

„Min Weag" für Urlaubsbergsteiger und Verlängertes-Wochenende-Wanderer

„Min Weag" soll jedem offenstehen, es ist ein persönliches Erlebnis, das jeder Wanderer so gestalten kann, wie er oder sie es möchte. Wer nicht einen ganzen Monat Zeit hat, kann die Etappen nach Belieben in Teilstrecken einteilen: für den Kurzurlaub oder für das verlängerte Wochenende. Zu diesem Zweck haben wir einige Mustertouren auf Basis der Schwierigkeitsgrade erstellt. Genusswanderer bevorzugen einfache, gut begehbare und eher kürzere Wanderstrecken, die konditionell weniger fordernd sind. Höhenerprobte möchten gerne längere, aber nicht allzu schwierige Wanderungen erleben. Bergsteiger sind Profis und auf der Suche nach schwierigem Gelände, technisch fordernden Etappen und vielen Gipfelsiegen. Wir empfehlen: Einfach durchblättern und schauen, ob vielleicht die eine oder andere Tour dabei ist, die Sie anspricht. Alle Informationen zu den Wanderungen finden sich dann bei den jeweiligen Etappen.

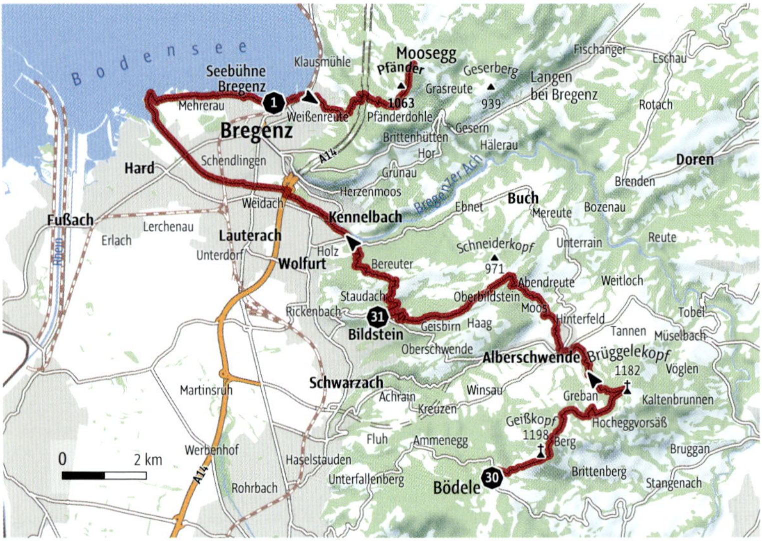

„Min Weag" für Genusswanderer

Ankommen und losgehen

Drei Tage lang auf Etappen von „Min Weag" unterwegs sein und dabei viel wunderschöne Landschaft aber nur geringe Schwierigkeiten erleben, das bietet die Etappenkombination aus Etappe 30, 31 und der ersten Etappe des Rundwegs. Dabei wandert man vom Bödele, dem Naherholungsgebiet der Dornbirner, bis hinauf auf den Pfänder, dem Hausberg der Bregenzer. Nach dem Ende der Tour kann man gemütlich mit der Pfänderbahn nach Bregenz zurückkehren oder den Wegweisern bis zur Landeshauptstadt folgen. In der ersten Tagesetappe kann man dabei anfangs noch Blicke auf den Bregenzerwald genießen, ab dem Etappenziel Bildstein prägen dann aber der Bodensee und das Rheintal die Wanderung. Dazu kommen wunderschöne Gastwirtschaften, die man am Ziel der Etappe besuchen kann – es handelt sich um drei richtige Genussetappen. Im Sommer empfiehlt es sich zudem, eine Badehose einzupacken, denn am zweiten Tag geht es ein Stück weit entlang des Bodenseeufers mit vielen öffentlich zugänglichen Badestellen.

Die genauen Etappenbeschreibungen finden Sie ab Seite 156 (Etappe 30: Bödele–Bildstein), Seite 160 (Etappe 31: Bildstein–Bregenz) und Seite 16 (Etappe 1: Bregenz–Pfänder).

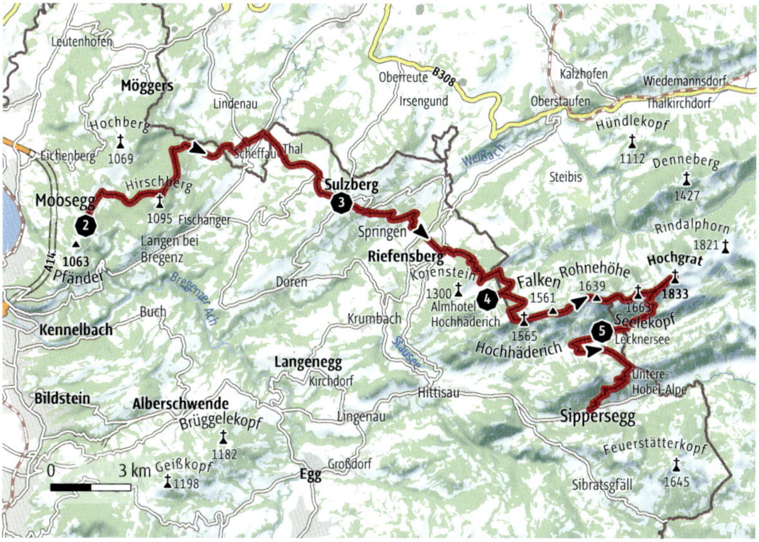

„Min Weag" für Höhenerprobte

Über die Nagelfluhkette

Details zu den Etappen sind nachzulesen ab Seite 22 (Etappe 2: Pfänder–Sulzberg), Seite 26 (Etappe 3: Sulzberg–Hochhäderich), Seite 30 (Etappe 4: Hochhäderich–Lecknertal) und Seite 36 (Etappe 5: Lecknertal–Sippersegg).

Vom Pfänder bis nach Sippersegg in vier Tagen geht es auf den Etappen 2 bis 5. Mit dabei: Eine vielseitige Landschaft mit unzähligen Naturjuwelen. Landschaftlich geprägt ist die Wanderung im nördlichen Bregenzerwald von der Nagelfluhkette, die am Nordrand der Alpen gelegene grandiose Gipfelkämme zu bieten hat. Die dritte Tagesetappe, die gleichzeitig Etappe 4 auf „Min Weag" ist, fällt dabei anspruchsvoller aus. Wer nicht trittsicher und schwindelfrei ist, sollte diese umgehen. Alle anderen werden mit sechs Gipfeln an einem Tag für die Mühen belohnt.

Beeindruckende Hochgebirgslandschaften

In der Silvretta steigt „Min Weag" besonders hoch an, Abschnitte über 2000 Meter über dem Meeresspiegel bringen den Wanderer schwer ins Schnaufen. Landschaftlich prägen erst schroffe Felsen und Gletscher das Bild. Die Etappen 16 bis 18 lassen sich dabei wunderbar kombinieren und sind ideal für ein verlängertes Sommerwochenende geeignet. Ausgehend von der Bielerhöhe, die über die Mautstraße Silvretta-Hochalpenstraße auch mit öffentlichen Verkehrsmitteln erreichbar ist, geht es dabei hoch hinauf zur Saarbrücker Hütte. Auf der höchstgelegenen Alpenvereinshütte der Silvretta kann man hier die Aussicht genießen. Am zweiten Tag geht es dann erst hinab Richtung Vermunt-Stausee, dann über grüne Wiesen zum Hochmadererjoch. Bald darauf erreicht man die Tübinger Hütte. Am dritten Tag folgt eine landschaftlich sehr abwechslungsreiche Etappe, die den Wanderer ins Bergdorf Gargellen führt. Im Laufe der Wanderung verändert sich die Landschaft Schritt für Schritt – statt Felsen und Eis prägen am Ende Alpweiden den Weg.

Alle Infos und Etappenbeschreibungen gibt es ab Seite 88 (Etappe 16: Bielerhöhe–Saarbrücker Hütte), Seite 94 (Etappe 17: Saarbrücker Hütte–Tübinger Hütte) und Seite 98 (Etappe 18: Tübinger Hütte–Gargellen).

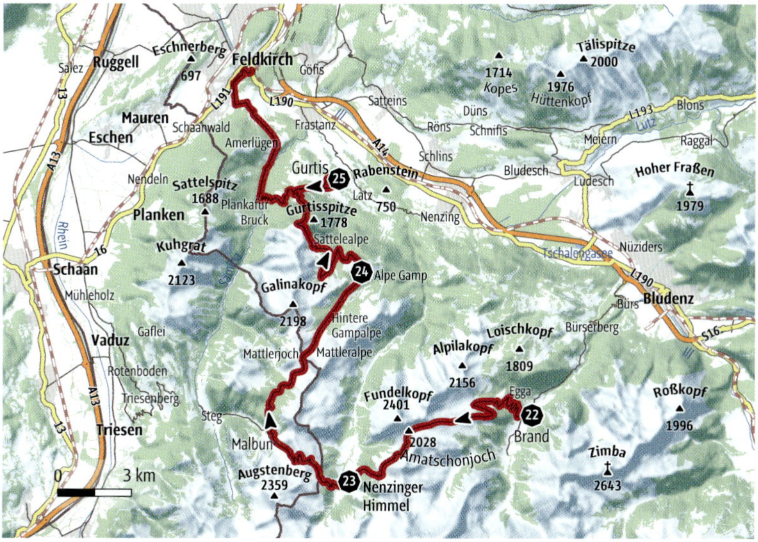

Berge, Grenzüberschreitungen und Stadt

Die genaue Route ist bei den einzelnen Etappen einzusehen: ab Seite 118 (Etappe 22: Brand–Nenzinger Himmel), Seite 122 (Etappe 23: Nenzinger Himmel–Alpe Gamp), Seite 128 (Etappe 24: Alpe Gamp–Gurtis) und Seite 132 (Etappe 25: Gurtis–Feldkirch).

Viel Abwechslung bietet der mittelschwere Abschnitt von „Min Weag" zwischen dem Ferienort Brand, einer Walsersiedlung, und der mittelalterlichen Altstadt von Feldkirch. Vier Tage lang wandert man dabei fast ausschließlich durch eher ruhige Bergtäler, am Ende steht man dann aber in einer quirligen Altstadt. Auf dem Weg kommt man von Brand in den Nenzinger Himmel, ein touristisch kaum erschlossenes Bergtal, das in Vorarlberg als absoluter Geheimtipp gilt. Darauf folgt erfolgt eine Grenzüberschreitung, denn auf dem Weg nach Gamp gelangt man nach Malbun und somit ins Fürstentum Liechtenstein. Von dort führt die Route über einen Talschluss zur kleinen Berggemeinde Gurtis, wo einem der dicht besiedelte Walgau zu Füßen liegt. Im letzten Abschnitt verlässt man dann langsam das Gebirge. Nach dem Abstieg in das wildromantische Saminatal kommen Abschnitte am Rande des Siedlungsgebiets. Bevor man aber nach Feldkirch absteigt, gibt es noch eine Überraschung: Mit Blick auf die Schweizer Berge findet sich der Wanderer plötzlich bei einem buddhistischen Stupa wieder.

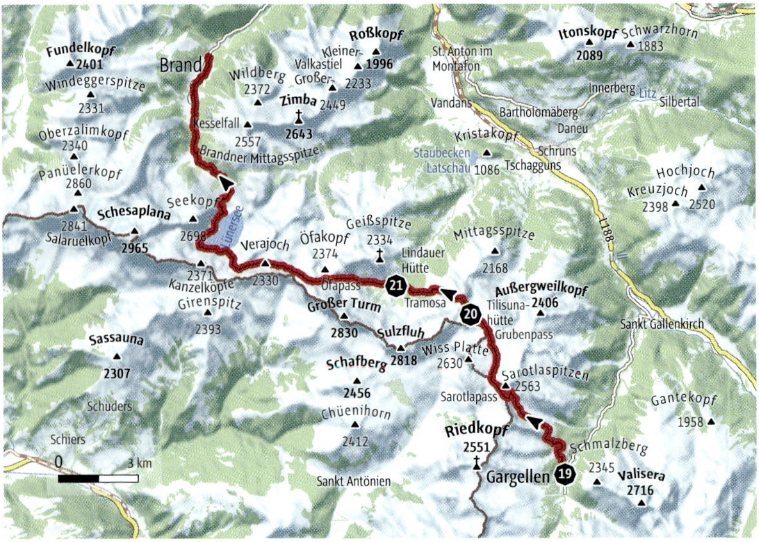

„Min Weag" für Bergsteiger

Die schönsten Abschnitte des Rätikons

Drei Tage lang durch den schroffen Rätikon wandern und dabei einige der schönsten alpinen Plätze Vorarlbergs hautnah sehen – das erlebt man auf dem Abschnitt von Gargellen nach Brand. Der herausforderndste Abschnitt kommt dabei gleich am ersten Tag: Auf dem Weg von Gargellen zur Tilisunahütte muss ein schwieriger Anstieg zum Sarotlapass bewältigt werden. Es folgen der Plasseggenpass und der Grubenpass, ehe man über grüne Alpwiesen zur Tilisunahütte gelangt. Am nächsten Tag wandert man dann in einer kurzen, aber gerade bei feuchten Verhältnissen anspruchsvollen Etappe zur Lindauer Hütte, die unter den imposanten Drei Türmen liegt. Wem die Tagesetappe zu kurz ist, der kann auch eine Gipfelbesteigung der Sulzfluh in Angriff nehmen. Zum Abschluss geht es von der Lindauer Hütte zum imposanten Schweizer Tor. Daraufhin folgt der Aufstieg zum Verajoch. Dort kann man den türkisen Lünersee bestaunen, der auch „Juwel des Rätikons" genannt wird. Wer die lange Etappe abkürzen will, kann ab dem See auf Bergbahn und öffentliche Verkehrsmittel umsteigen.

Alle Infos zur Dreitagestour finden sich bei den jeweiligen Etappenbeschreibungen ab Seite 104 (Etappe 19: Gargellen–Tilisunahütte), Seite 108 (Etappe 20: Tilisunahütte–Lindauer Hütte) und Seite 112 (Etappe 21: Lindauer Hütte–Brand).

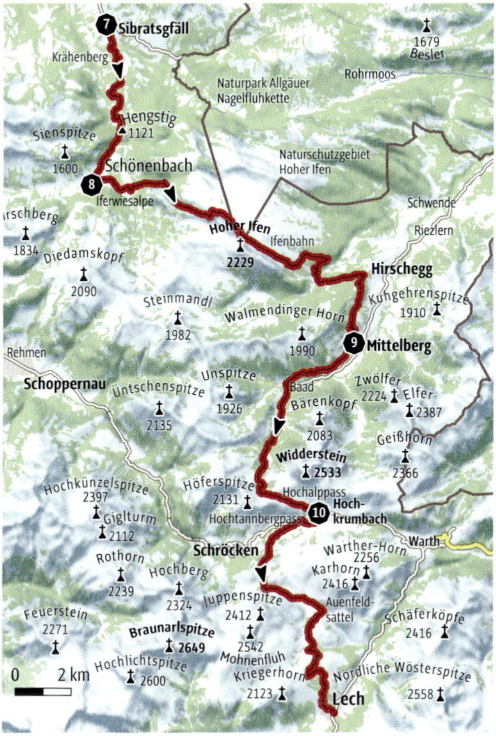

Vom Bregenzerwald ins Kleinwalsertal und nach Lech

Die Details zur Wanderung sind bei den jeweiligen Etappen ersichtlich: ab Seite 46 (Etappe 7: Sibratsgfäll–Schönenbach), Seite 50 (Etappe 8: Schönenbach–Mittelberg), Seite 56 (Etappe 9: Mittelberg–Hochtannberg) und Seite 60 (Etappe 10: Hochtannberg–Lech).

Eine teilweise herausfordernde Angelegenheit ist der viertägige Abschnitt zwischen Sibratsgfäll und Lech. Dabei geht es relativ gemütlich los. Der erste kurze Abschnitt führt von Sibratsgfäll durch eine sehr reizvolle Hügellandschaft zur Vorsäß-Siedlung Schönenbach. Am zweiten Tag wird es aber anspruchsvoll. Denn die Etappe von Schönenbach nach Mittelberg ist nicht nur sehr lange, sondern erfordert auch Trittsicherheit. Landschaftlich ist sie aber imposant. Wer mit guter Kondition ausgestattet ist, sollte auch dem Gottesackerplateau, an dem man vorbeimarschiert, einen Besuch abstatten. Am dritten Tag wird es wieder gemütlicher, der Weg in Richtung Hochalppass steigt erst eher gemächlich an, ehe die steilen Abschnitte folgen. Gute Alpinisten haben dabei die Möglichkeit, den Widderstein zu besteigen. Danach geht es hinab zum Hochtannbergpass. Am vierten Tag geht es von diesem Punkt aus vorbei am idyllischen Körbersee in einer wunderschönen grasigen Alplandschaft in Richtung Lech am Arlberg, wo man es sich nach den Anstrengungen so richtig gutgehen lassen kann.

01 Von Bregenz auf den Pfänder

• •

Ein leichter Weg, der in zweieinhalb Stunden direkt vom Bregenzer Stadtzentrum durch den Wald hinauf auf den Hausberg Pfänder führt. Imposanter Rundumblick inklusive!

ECKDATEN ZUR TOUR

AUSGANGSPUNKT	Festspielhaus, Bregenz
ANFAHRT	**Mit öffentlichen Verkehrsmitteln:** Das Festspielhaus ist vom Hauptbahnhof Bregenz zu Fuß in ca. 2 Min. erreichbar. **Mit dem PKW:** A14 Rheintal/Walgau Autobahn, Ausfahrt Bregenz, aus Deutschland kommend über die A96; aus der Schweiz kommend über die A1, Ausfahrt St. Margarethen, dann über die L202 nach Bregenz. In der näheren Umgebung des Festspielhauses stehen mehrere Großparkplätze zur Verfügung. Ab den Bregenzer Stadteinfahrten führt ein Parkleitsystem zu freien Parkplätzen.
GEHZEIT	2 Std. 30 Min.
WEGSTRECKE	5,8 km
WEGVERLAUF	Bregenz – Hafen – Weißenreute – Pfänder – Pfänderdohle – Moosegg
HÖHENUNTERSCHIED	Aufstieg: 620 m Abstieg: 65 m Tiefster Punkt: 400 m Höchster Punkt: 1064 m
SCHWIERIGKEIT	leicht
EINKEHRMÖGLICHKEITEN	Berghaus Pfänder, Gasthaus Pfänderspitzhütte, Alpengasthof Schwedenschanze, Pfänderalp
UNTERKÜNFTE	Gasthaus Moosegg

HÖHENPROFIL

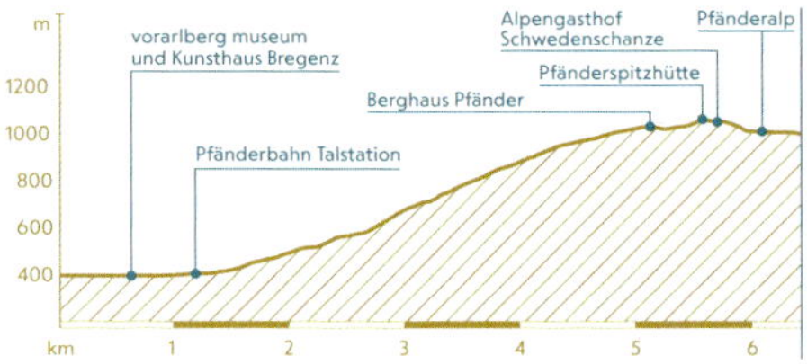

Am Weg zum Pfänder lohnt sich der Blick zurück. Der Bodensee bietet zu jeder Tageszeit einen reizvollen Anblick, besonders schön ist die Abendstimmung.

Das Vorarlberger Ufer des Bodensees lockt mit vielen öffentlich zugänglichen Badestellen.

01

Vom Bodensee auf den Pfänder, den Hausberg der Bregenzer

Die erste Etappe bietet einen leichten Einstieg. Der Ausgangspunkt liegt beim Festspielhaus Bregenz, vor der bekannten Seebühne. James-Bond-Fans werden sich an den Film „Ein Quantum Trost" erinnern, in dem es Schauplatz einiger Szenen war. Von hier geht es entlang des Bodensees zum Hafen. Stadtseitig kann man das vorarlberg museum und das Kunsthaus Bregenz (KUB), ein Museum für zeitgenössische Kunst, sehen. Vom Hafen geht es leicht ansteigend in Richtung Pfänder und bald wandert man durch Weißenreute, eine alte Villengegend. Weiter entlang der Pfänderbahn-Trasse (wer die Bahn nutzt, kann fast die ganze Etappe einsparen) durch den Wald steil hinauf bis Hintermoos. Von dort empfiehlt es sich, zur Pfänderbahn-Bergstation und zum Pfändergipfel (1064 m) aufzusteigen. Mit einer beeindruckenden Aussicht über den Bodensee, das Rheintal, die Schweizer Berge und den Bregenzerwald wird man nach der Anstrengung belohnt. Nun geht es entlang des Pfänderrückens zum Etappenziel, dem Gasthaus Moosegg. Alternativ kann man von der Pfänderdohle auch unterhalb der Station durch den Wald direkt ans Ziel gelangen.

• • WISSENSWERTES

Kultur satt in Bregenz

Die Vorarlberger Landeshauptstadt Bregenz ist die Kulturstadt des Landes. Das will etwas heißen, denn Vorarlberg hat einiges zu bieten: Eine beachtliche Zahl an Kunst- und Kulturfestivals, Galerien, Museen und Kleinkunstbühnen in Städten und Dörfern sorgen dafür, dass die rund 390.000 Vorarlberger und Gäste kulturell auf ihre Kosten kommen. Zur Schubertiade in Schwarzenberg und Hohenems beispielsweise, dem weltweit größten Schubertfestival, zieht es Musikfreunde aus aller Welt.

Die ersten Siedlungen im Bereich des heutigen Bregenz entstanden vermutlich um 1500 v. Chr. Der Name der Stadt geht auf die Brigantier zurück, einen Keltenstamm, der ca. 500 v. Chr. hier eine befestigte Siedlung anlegte.

Die Bregenzer Festspiele mit ihrer monumentalen Seebühne sind das größte Aushängeschild, bilden

(→ weiter geht's auf Seite 20)

0
500 m
Klausberg
Unterhaggen
Sorgen
Flühlen
1042
Moos
637
Am Vögel
Lohorn
Gasthaus Moosegg
Klausmühle
Pfänderalp
Tannenbach
Altreute
Riese
Theresienkapelle
Ringelberg
Alpengasthof Schwedenschanze
Bodensee
Mili Seebad
Pfänder
1063
397
Alpenwildpark
Gasthaus
Pfänderspitzhütte
Berghaus Pfänder
Seebühne Bregenz
Bregenz Hafen
Festspiel-
haus
Kunsthaus
Bregenz
Pfänderbahn
Pfänderbahn-Museum
Hintermoos
vorarlberg
museum
Pfänderbahn
Seehallenbad
Pfänderdohle
Weißenreute
Bregenz
Seekapelle
Kälbelen
Martinsturm Bregenz
Thurn-und-Taxis-Park
Pfändertunnel
Landeskrankenhaus
Hennenbühel
Brittenhütten
Thalbach
Fluh
Hor
L190
L12
A14
800
700
1000
900
600
500
400

01

aber nur die Spitze des Eisbergs. Aber was für eine Spitze: Seit 1946 begeistern die Spiele jährlich Hunderttausende Besucher. Neben dem Spiel auf dem See und der Oper im Haus gibt es auch viele Uraufführungen und Platz für moderne und wiederentdeckte Opern. Die spektakuläre Seebühne bekommt dabei alle zwei Jahre einen frischen „Look", wenn das Bühnenbild für eine neue Opernproduktion errichtet wird.

2008 boten Festspielhaus und Seebühne die perfekte Kulisse für den James-Bond-Film „Ein Quantum Trost". 007 besuchte dabei nicht nur die Aufführung von Tosca, sondern es gab auch eine spektakuläre Kampfszene in der Küche und am Dach des Festspielhauses.

Eine ähnliche internationale Strahlkraft hat das KUB – das Kunsthaus Bregenz. Das vom Architekten Peter Zumthor geplante Gebäude bietet regelmäßig eine große Bühne für international renommierte wie aufstrebende zeitgenössische Künstler, die eine perfekte Spielwiese für aufwendige Ausstellungen finden. Die Ausstellungen hinterlassen dabei oft auch jenseits der Gebäudehülle ihre Spuren: Das berühmteste Beispiel ist wohl die Ausstellung „Horizon Field" von Anthony Gormley, bei der

Für „Rigoletto" prägt 2019 und 2020 ein überdimensionaler Clownskopf das Bühnenbild auf der Seebühne. Der 14 Meter hohe bewegliche Kopf verwandelt sich im Lauf der Aufführung.

Das Kunsthaus Bregenz ist mit seiner imposanten Glasfassade ein wahrer Blickfang.

100 lebensgroße Gusseisen-Abdrücke des Künstlers auf 2039 Metern Seehöhe über dem Meer im alpinen Hochgebirge Vorarlbergs aufgestellt wurden. Eine letzte Figur ist heute noch in Lech, im Bereich der Kriegeralpe, zu bewundern.

Abgerundet wird das Bregenzer Kulturangebot mit dem vorarlberg museum und dem Vorarlberger Landestheater. Aber auch kleinere Einrichtungen, wie etwa das unabhängige Theater Kosmos, und Galerien sorgen für eine bunte Vielfalt. Veranstaltungsreihen wie etwa der Bregenzer Frühling, bei dem renommierte Tanzgruppen Bregenz besuchen, setzen zusätzliche Highlights in der Kulturstadt Bregenz.

Die Geschichte des vorarlberg museum geht bis 1857 zurück. Es wurde damals geschaffen, um Vorarlberger Kulturgut vor der „Verschleppung ins Ausland" zu retten. Heute ist auch die kritische Auseinandersetzung mit der Landesgeschichte ein zentrales Anliegen.

02 Vom Pfänder nach Sulzberg

• •

Diese fünfeinhalbstündige Tour führt hoch über dem Bodensee durch Wald und Flur, bevor es über Wiesen ins Bregenzerwälder Dorf Sulzberg geht.

ECKDATEN ZUR TOUR

AUSGANGSPUNKT	Pfänder/Moosegg, Bregenz
ANFAHRT	**Mit öffentlichen Verkehrsmitteln:** Mit dem Bus 14a vom Bahnhof Lochau-Hörbranz bis zur Haltestelle „Lochau Pfänder". Alternativ mit der Pfänderbahn, von der Bergstation aus sind es noch ca. 20 Min. Gehzeit in Richtung Moosegg. **Mit dem PKW:** A14 Rheintal/Walgau Autobahn, Ausfahrt Hörbranz. Auf der Hofriedenstraße nach Lochau, im Zentrum links abbiegen auf die Pfänderstraße, Wanderparkplatz Moosegg nach ca. 6 km.
GEHZEIT	5 Std. 30 Min.
WEGSTRECKE	16,6 km
WEGVERLAUF	Moosegg – Hirschberg – Hirschbergalpe – Hirschbergsau – Scheffau (D) – Thal – Sulzberg
HÖHENUNTERSCHIED	Aufstieg: 720 m Abstieg: 715 m Tiefster Punkt: 555 m Höchster Punkt: 1075 m
SCHWIERIGKEIT	mittel
EINKEHRMÖGLICHKEITEN	Gomm's Raststüble, Hirschberghütte, Gasthaus Krone Thal
UNTERKÜNFTE	in Sulzberg (Seite 167)

HÖHENPROFIL

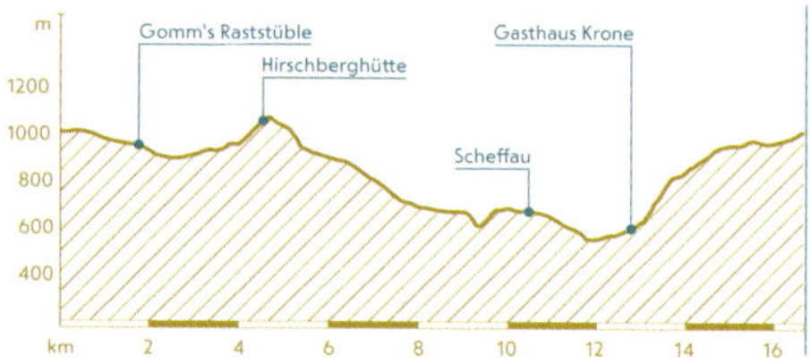

Die Parzelle Thal gehört zur Gemeinde Sulzberg, liegt aber – wie der Name schon sagt – unterhalb Sulzbergs in einem Tal.

Urige Wälder und herrliche Wiesen

Auf der zweiten Etappe werden über 16 Kilometer zurückgelegt. Mit über fünf Stunden gehört sie zu den mittellangen Etappen des Weges, ist aber ansonsten ohne weitere Schwierigkeiten zu meistern.

Vom Gasthaus Moosegg geht es in eine urige Waldlandschaft hinein. Am Weg zur Hirschberghütte wird eine alte Dampfsäge passiert. Bei der Hütte bietet sich ein prächtiger Blick auf die Kanisfluh. Dann geht es bergab nach Hirschbergsau, einem Ortsteil von Langen bei Bregenz. Dann folgt ein steiler Steig, auf dem es zum Kesselbach hinuntergeht, der die Grenze zu Deutschland bildet – es folgt ein kurzer Abschnitt im Nachbarland. Bei der Egglismühle geht es zurück nach Österreich. In einer herrlichen Wiesenlandschaft folgt nun der abschließende Aufstieg über Thal nach Sulzberg. Von dieser Gemeinde aus lässt sich der Bregenzerwald wunderbar überblicken und im Hintergrund sieht man prächtige Alpengipfel.

• • WISSENSWERTES

Ein rührig Völklein

Vorarlberger werden gemeinhin als strebsame und tüchtige Menschen angesehen. Unter den Vorarlbergern gelten die Bregenzerwälder, kurz Wälder, als selbstbewusste, stolze und eigenständige Menschen, die, obwohl sehr traditionsbewusst, auch immer offen für Neues sind. „Wir ehren das Alte, begrüßen das Neue und bleiben dabei uns selbst und der Heimat treu" – dieser Vers aus dem Gedicht des Lyrikers Gebhard Wölfle, das er zur Eröffnung der Wälderbahn 1902 verfasst hatte, bringt diese Grundhaltung gut zum Ausdruck.

Ab 1902 verband eine Schmalspurbahn Bregenz und Bezau. 1980 kam es zu Hangrutschungen im Achtal zwischen Kennelbach und Egg, der Betrieb wurde eingestellt. Heute gibt es das Wälderbähnle als Nostalgiebahn, die im Sommer auf einer Teilstrecke zwischen Bezau und Andelsbuch-Bersbuch verkehrt.

Der Bregenzerwald ist ein Großraum: Immerhin 32.000 Menschen leben in den 23 Gemeinden, die Landschaft umfasst sanfte Hügeln wie Hochgebirge. Eine Gemeinde liegt übrigens außerhalb Österreichs: Balderschwang fiel 1805 mit dem gesamten Bregenzerwald an Bayern und blieb 1815 beim Rückfall des Gebietes an das Habsburgerreich bayrisch. Die meisten Dörfer sind Streusiedlungen, um Gehöfte bildeten sich Wohnbauten, dazwischen gibt es viele saftige Wiesen. Die Wirtschaft wird von zahlreichen Klein- und Mittelbetrieben geprägt, die oft auch international tätig sind. Für ihre Handwerks- und Baumeisterkunst sind die Bregenzerwälder schon seit Jahrhunderten bekannt. In der Vergangenheit zogen die Barockbaumeister in die Welt hinaus, um mit diesen Fertigkeiten Geld zu verdienen: Die meisten sind aber immer wieder zurückgekommen. Die Faszination „Wald" ließ sie nicht los. Diesem Zauber erliegen auch viele Gäste, die den Bregenzerwald für Aktiv- und Wellnessurlaube nutzen. Der Tourismus macht also ebenfalls einen großen Teil der regionalen Wirtschaft aus.

Der Bregenzerwald hat viel zu bieten: Kulturell etwa die Schubertiade oder das Zusammenspiel von traditioneller und zeitgenössischer Architektur, dazu kommt etwa auch das einzige Frauenmuseum Österreichs in Hittisau. Angelika Kauffmann, die berühmteste Tochter des Bregenzerwaldes, wird in einem Museum in Schwarzenberg gewürdigt. Dem Handwerk wird übrigens ebenfalls ein eigenes Haus gewidmet: Peter Zumthors Werkraumhaus in Andelsbuch ist Leistungsschau und Verkaufsplattform dieser Bregenzerwälder Handwerkskunst in einem.

Obwohl die bekannte Malerin Angelika Kauffmann (1741–1807) in Chur geboren wurde und großteils in Italien und London lebte, gilt sie als die größte Tochter des Bregenzerwaldes. Im Heimatort ihres Vaters, Schwarzenberg, war Kaufmann nur kurz, fühlte sich diesem aber sehr verbunden.

Auch kulinarisch hat der Bregenzerwald viel zu bieten: Die KäseStrasse Bregenzerwald ist bei Genießern weithin bekannt. In diesem Zusammenschluss arbeiten Landwirte, Alpen, Senner und Käsemacher, Gasthäuser, Handwerker und Handel zusammen, mit dem Ziel, heimische Produkte zu bewahren und zu fördern.

Das Werkraumhaus bietet eine Leistungsschau der Bregenzerwälder Handwerks- und Designkunst.

03 Von Sulzberg zum Hochhäderich

• •

Eine Halbtagestour ständig auf und ab durch die grünen Hügel des Vorderen Bregenzerwaldes, über eine historische Brücke, durch das Steinerne Tor bis zum Hochhäderich.

ECKDATEN ZUR TOUR

AUSGANGSPUNKT	Sulzberg
ANFAHRT	**Mit öffentlichen Verkehrsmitteln:** Vom Bahnhof Bregenz mit dem Landbus 25 nach „Sulzberg Fahl“, dort umsteigen in den Landbus 28, Ausstieg bei „Sulzberg Dorfplatz“. **Mit dem PKW:** A14 Rheintal/Walgau Autobahn, Ausfahrt Bregenz, auf der L2 Langener Straße bis Sulzberg. Parkmöglichkeit: Sulzberg Dorfplatz.
GEHZEIT	4 Std. 30 Min.
WEGSTRECKE	12,4 km
WEGVERLAUF	Sulzberg – Simlisgschwend – Wandfluh Weißach – Riefensberg (Ortsmitte) – Elmauen – Moosalpe – Hochhäderich
HÖHEN-UNTERSCHIED	Aufstieg: 750 m Abstieg: 500 m Tiefster Punkt: 580 m Höchster Punkt: 1280 m
SCHWIERIGKEIT	mittel
EINKEHR-MÖGLICHKEITEN	Stuiner's Einkehr, Alpe Moos
UNTERKÜNFTE	Almhotel Hochhäderich, alternativ dem Wegverlauf von Etappe 4 noch ca. 1 Std. 30 Min. folgen bis zum Berggasthaus Hochhäderich

HÖHENPROFIL

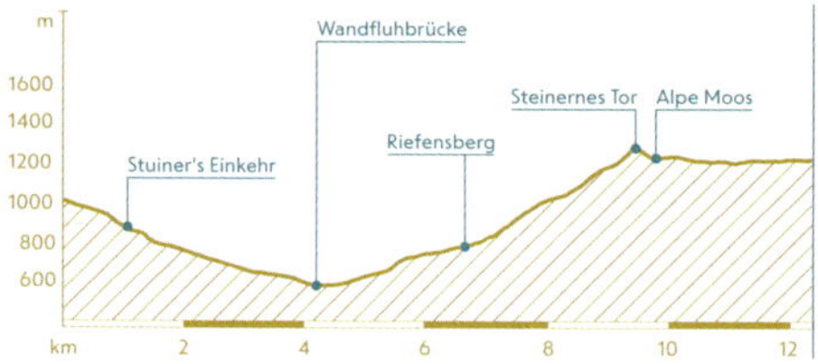

Auf Etappe 3 geht es über die Wandfluhbrücke – eine historische Holzbrücke mit Schindeldach, die 1902 errichtet und 1994 restauriert wurde.

Barfußwandern und die Bregenzerwälder Juppe bestaunen

Etappe 3 ist auch an einem halben Tag zu schaffen. Vom Gasthof Ochsen in Sulzberg geht es in Richtung Simlisgschwend. Bei einer scharfen Rechtskurve wird nach einem Holzgatter der Fußweg genommen. Steil geht es über Wiesen bis zur Kapelle Stein und zu Stuiner's Einkehr. Dann folgt man kurz der Straße und weiter über Wiesen, bis Simlisgschwend erreicht ist. Nun bei einer Bushaltestelle auf den Wegweiser Wandfluh-Riefensberg achten. Dann geht es bis kurz vor den sich schön in die Landschaft einfügenden Golfplatz von Riefensberg. Die Weißach wird auf der schindelgedeckten Wandfluhbrücke überquert und via Springen geht es hinauf nach Riefensberg. In Riefensberg kann man sich in der Juppenwerkstatt über die traditionelle Bregenzerwälder

Tracht informieren. Auch der Barfußweg ist jedenfalls einen Abstecher wert. Im Anschluss geht es stetig bergauf Richtung Elmauen und an der Nollenalpe vorbei zum Steinernen Tor (1280 m), einem Felsdurchlass. Nun leicht abwärts über die Alpe Moos, von dort erreicht man kurz darauf das Tagesziel, das Almhotel Hochhäderich.

• • WISSENSWERTES

Käse – ein Botschafter Vorarlbergs

Vorarlbergs Landwirtschaft basiert auf der Milchwirtschaft. Egal ob im Rheintal oder auf hochgelegenen Alpen, die Kuh dominiert auf den heimischen Wiesen. Die Weiterverarbeitung der Milch zu Käse spielt dabei eine zentrale Rolle. Denn Milch muss, selbst wenn sie mittels Pasteurisierung haltbarer gemacht wird, schnell konsumiert werden. Zudem sind die Milchpreise aufgrund der hohen Produktion in Europa sehr niedrig, die aufwendige alpine Landwirtschaft ist nicht konkurrenzfähig.

Milchwirtschaft wird seit rund 10.000 Jahren betrieben, also seit der Domestikation von Ziege und Schaf. Die in Vorarlberg vorherrschende Verarbeitung der Kuhmilch ist über 8000 Jahre alt, damals wurde in Südosteuropa der Auerochse domestiziert.

Beim Käse ist das ganz anders. Käse entsteht typischerweise beim Gerinnen des Eiweißanteils der Milch, des Kaseins. Im Gegensatz zu Milch ist Käse gut lager- und transportierbar. Bereits aus römischer Zeit ist überliefert, dass caesus raeticus, also Käse aus der Region Vorarlberg/Graubünden, bis nach Rom gebracht und dort verspeist wurde. Im Mittelalter findet sich Käse in vielen Urkunden in

Zusammenhang mit Steuern und Abgaben: Denn die Gemeinden und Gehöfte mussten, neben anderen Produkten, jährlich auch festgelegte Mengen an Käselaiben abliefern.

In der Neuzeit konzentrierte sich die Produktion der Vorarlberger Milchbauern hauptsächlich auf Butter, welche im Erzherzogtum Österreich durchwegs über den Staat gehandelt wurde. Sauer- und Weichkäse wurde lediglich für den Eigengebrauch gemacht. 1649 kam die Kenntnis über die Schweizer Fettkäse-Produktion nach Vorarlberg. Im Widerstand gegen die wenig begeisterte Obrigkeit setzte die Bevölkerung im Bregenzerwald diese Produktionsmethode durch. In Folge siedelten sich auch Appenzeller im Bregenzerwald an, zahlreiche Sennereien entstehen.

Früher wurde Butter produziert, indem man Milch bis zu zwei Tage stehen ließ und dann den Rahm, der sich oben absetzte, abschöpfte und zu einer buttrigen Masse schlug. Dabei setzt sich die Buttermilch ab.

03

Die große Vielfalt an Käse, die Vorarlberg zu bieten hat, lässt sich am besten durch eifriges Probieren kennenlernen.

Bis in die 1930er-Jahre wurde die Produktion ständig erhöht, ehe es dann in den 70er-Jahren des vorherigen Jahrhunderts zu einem Einbruch kam. Angesichts der europäischen Milchüberproduktion erschien der Alpkäse als veraltetes Auslaufprodukt. Im Gegensatz zu vielen anderen Alpenregionen setzte aber in Vorarlberg bald wieder ein Umdenken ein, zahlreiche Sennereien und regionale Genossenschaften spezialisierten sich und sorgten dafür, dass heute der Vorarlberger Käse ein weit über die Landesgrenzen bekanntes Qualitätsprodukt ist. Über 40 Sorten werden produziert. 60 Prozent der Milchproduktion werden heute zu Käse veredelt. Das Flaggschiff bleibt dabei der ursprungsgeschützte Bergkäse und wer Vorarlberger nach dem Lieblingsgericht fragt, wird sehr oft „Kässpätzle" zu hören bekommen.

Kässpätzle sind nicht gleich Kässpätzle. Darüber, welche Käsemischung verwendet wird oder welche Beilage am besten zu den Spätzle (oder Knöpfle) passt, können Vorarlberger trefflich streiten.

04 Vom Hochhäderich ins Lecknertal

• •

Anspruchsvoll, aber landschaftlich lohnend geht es über den Gipfel des Hochhäderichs entlang der Nagelfluhkette – sechs Gipfel passierend – zum Lecknersee.

ECKDATEN ZUR TOUR

AUSGANGSPUNKT	Almhotel Hochhäderich, Riefensberg
ANFAHRT	**Mit öffentlichen Verkehrsmitteln:** Vom Bahnhof Bregenz mit dem Bus 25 bis nach „Krumbach Dorf", von dort mit dem Bus 29 bis „Riefensberg Dorf". Ab Riefensberg geht es in ca. 3 Std. bis zum Almhotel Hochhäderich. **Mit dem PKW:** A14 Rheintal/Walgau Autobahn, Ausfahrt Dornbirn-Nord, Richtung Bregenzerwald: Alberschwende, Lingenau bis kurz vor Hittisau, dort der Beschilderung „Almhotel – Alpenarena Hochhäderich" folgen, nach dem Gasthof Engel rechts 6 km eine Bergstraße entlang. Das Almhotel Hochhäderich ist mautfrei erreichbar, hier befindet sich ein Parkplatz.
GEHZEIT	6 Std. 30 Min.
WEGSTRECKE	15,1 km
WEGVERLAUF	Hochhäderich – Hörmoos (D) – Hochhäderich – Falken – Rohnehöhe (Eineguntekopf) – Hohenfluhalpkopf – Seelekopf – Staufner Haus (D) – (Hochgrat, D) – Lecknersee
HÖHENUNTERSCHIED	Aufstieg: 1050 m Abstieg: 1250 m Tiefster Punkt: 1015 m Höchster Punkt: 1834 m
SCHWIERIGKEIT	schwer
EINKEHRMÖGLICHKEITEN	Berggasthaus Hochhäderich, Staufner Haus
UNTERKÜNFTE	Alpengasthof Höfle, alternativ im Staufner Haus

HÖHENPROFIL

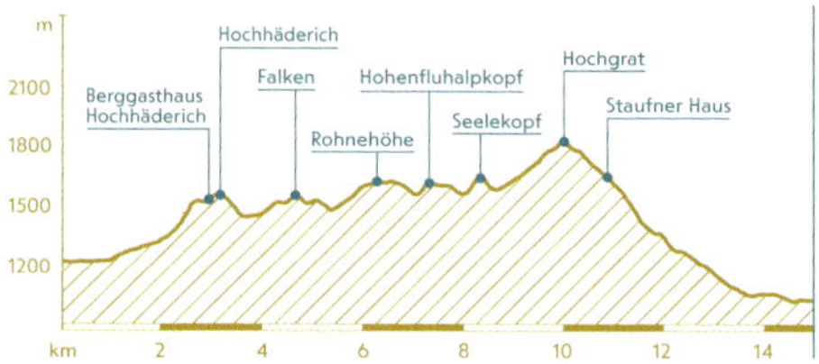

Der Hochhäderich bietet einen fantastischen Ausblick in die Alpen und über das Alpenvorland.

04

Grandiose Wanderung über sechs Berggipfel

Eine anspruchsvolle, aber landschaftlich sehr lohnende Etappe, die dem Wanderer mit über sechs Stunden Gehzeit einiges an Kondition abverlangt. Unterwegs steht der Wanderer auf sechs Berggipfeln, so etwas schafft man nicht alle Tage.

Vom Almhotel Hochhäderich zuerst durch das Naturschutzgebiet Kojenmoos zur Staatsgrenze und dann vorbei an der Hörmoosalpe, von der es auf einem weiß-rot-weiß markierten Weg hinauf auf den Hochhäderich (1565 m) geht – der punktet mit einer tollen Aussicht zurück auf das Kojenmoos. Nun geht es auf dem Höhenweg der Nagelfluhkette über fünf weitere Gipfel: Falken, Rohnenhöhe, Hohenfluhalpkopf, Seelekopf und Hochgrat (1834 m). Der Weg ist anspruchsvoll und mit Eisenstufen und Stahlseilen gesichert, Schwindelfreiheit und Trittsicherheit sind hier unbedingt notwendig.

Vom Hochgrat geht es erst ein Stück im Anstieg retour, dann abwärts über die Morgen- und Südliche Lauchalpe ins wunderschöne Lecknertal. Am Ende wartet der Lecknersee mit dem Alpengasthof Höfle. Alternativ kann man die Strecke verkürzen und im Staufner Haus nächtigen. Darüber hinaus befinden sich einige Unterkünfte in Hittisau. Um dorthin zu kommen, muss unbedingt am Vortag ein Taxiservice bestellt werden (Seite 166)!

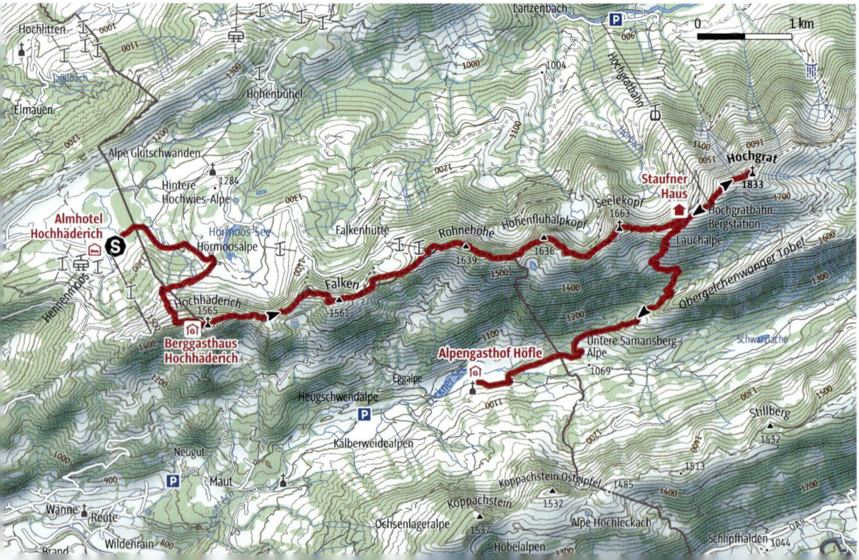

Zu Beginn der vierten Etappe wandert man durch eine wunderschöne Hochmoor-Landschaft, ehe es dann auf den Grat der Nagelfluhkette geht.

04

• • WISSENSWERTES

Vielfältige Nagelfluhkette

Am Nordrand der Alpen erstreckt sich zwischen dem Bregenzerwald und dem Allgäu die Nagelfluhkette. Dabei handelt es sich um drei Gebirgskämme, die in einem grenzüberschreitenden Naturpark zusammengefasst sind. Auf einem relativ kleinen Gebiet findet sich hier eine hohe Biodiversität, aber auch geologisch gibt es viel zu entdecken.

Bei Konglomerat muss das Sedimentgestein zu mindestens 50 Prozent aus gerundeten Komponenten bestehen: Es braucht also fließendes Wasser. Der Nachweis von Konglomerat am Mars war deshalb auch der Beweis für die historische Existenz fließenden Wassers.

Drei geologische Einheiten sind hier zu finden. Das namensgebende Nagelfluhgestein ist Teil der Molasse. Nagelfluh selbst ist ein spezielles Gestein, das aus Flusskieseln besteht, die zu einem Konglomerat verbacken wurden. Die Steine setzen sich also aus vielen einzelnen gut sichtbaren Kieselsteinen zusammen. Typisch für die Molasse ist die Wechsellagerung von harten Felsbänken aus Nagelfluh und weichen Ton- und Mergelschichten. Entstanden ist dieses Konglomerat vor etwa 30 Millionen Jahren aus Ablagerungen der damaligen Alpenflüsse im Vorland. Im Rahmen der weiteren Auffaltung der

Der Blick von der Rohnehöhe zurück zeigt das für die Kette typische Nagelfluhgestein.

Alpen wurden diese Schichten gekippt und gehoben. Je nach Fließgeschwindigkeit der damaligen Flüsse wurde gröberes oder feineres Material abgelagert: Die Tonschichten kommen aus alten Ruhigwasserzonen.

Die beiden weiteren geologischen Schichten im Gebiet sind das Helvetikum, ein Teil der Kalkalpen im Süden des Naturparks, sowie dazwischen einige Flyschberge, die fast vollkommen gesteinslose Grasberge sind. Dass der begriffliche Zusammenhang zwischen dem Flysch und dem Schweizerdeutschen „flyschen" (zu Deutsch: fließen) nicht von ungefähr kommt, kann man in Sibratsgfäll entdecken (Seite 44).

Neben der geologischen Vielfalt zeichnet sich der Naturpark Nagelfluh auch durch eine große Biodiversität aus. Er zählt laut WWF zu den Hotspots der Artenvielfalt in den Alpen. Das hat auch damit zu tun, dass der große Höhenunterschied im Naturpark (von 465 bis 2050 m) zu mehreren „Höhenstockwerken" und jeweils angepassten Arten führt. Die Geologie, große Höhenunterschiede und eine nachhaltige Alpwirtschaft haben dazu geführt, dass auf verhältnismäßig kleiner Fläche eine große Anzahl unterschiedlicher Lebensräume entstanden ist.

Der Naturpark Nagelfluhkette ist der erste grenzüberschreitende Naturpark zwischen Deutschland und Österreich. Sechs Allgäuer und acht Bregenzerwälder Gemeinden schlossen sich zusammen.

Die Nagelfluhkette verfügt im Übrigen auch über ein eigenes Mikroklima. Aufgrund der nördlichen Staulage sind die Niederschlagsmengen mit 2500 Millimeter pro Quadratmeter pro Jahr recht hoch. Zum Vergleich: Das entspricht der vierfachen Regenmenge, die in der Stadt Wien fällt (600 mm). Trotzdem liegt das Gebiet bei den Sonnenstunden landesweit im Spitzenfeld. Kalte, feuchte Nebeltage gibt es hier nämlich fast nie.

Die Vielfalt der Natur- und Kulturlandschaft spiegelt sich in der Fülle und Anzahl der Schutzgebiete in Vorarlberg wider. Von Pflanzenschutzgebieten über Biosphären- und Naturparks bis hin zu Ruhezonen dienen alle dem erklärten Ziel, unsere Naturschätze zu erhalten.

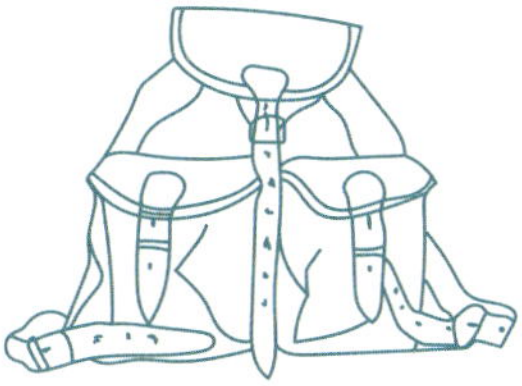

Der Lecknersee liegt am Ende der Etappe.

Blick hinunter auf die Vordere und Mittlere Häderich-Alpe.

05 Vom Lecknertal nach Sippersegg

••

In drei Stunden geht es vom Lecknersee über die Äuelealpe etwas steiler bergauf zur Hochleckachalpe und dann bergab nach Sippersegg.

ECKDATEN ZUR TOUR

AUSGANGSPUNKT	Lecknersee, Hittisau
ANFAHRT	**Mit öffentlichen Verkehrsmitteln:** Vom Bahnhof Bregenz mit dem Bus 25 oder vom Bahnhof Dornbirn mit dem Bus 41 nach „Hittisau Gemeindehaus". Von dort aus geht es zu Fuß in ca. 1 Std. 45 Min. zum Lecknersee. **Mit dem PKW:** A14 Rheintal/Walgau Autobahn, Ausfahrt Dornbirn-Nord, Richtung Bregenzerwald, Alberschwende, Lingenau, bei der Ortseinfahrt Hittisau links halten Richtung Krumbach. Nach 250 m die zweite Einfahrt rechts Richtung Riefensberg nehmen, nach weiteren 400 m nach der Bolgenach-Brücke rechts Richtung Lecknertal fahren. Der Wanderparkplatz Lecknertal ist nur über eine 4 km lange Mautstraße erreichbar. Danach besteht Fahrverbot.
GEHZEIT	3 Std.
WEGSTRECKE	8,5 km
WEGVERLAUF	Lecknersee – Hittisau – Hochleckachalpe über Äuelealpe – Sippersegg
HÖHENUNTERSCHIED	Aufstieg: 500 m Abstieg: 540 m Tiefster Punkt: 963 m Höchster Punkt: 1459 m
SCHWIERIGKEIT	mittel
EINKEHRMÖGLICHKEITEN	Alpe Hochleckach
UNTERKÜNFTE	Ferienhof Sonne (Ferienwohnungen), Sippersegg, alternativ dem Wegverlauf von Etappe 6 folgen bis zur Burgl-Hütte (ca. 3 Std.) oder zur Bergrast Wildries (ca. 3 Std. 45 Min., Wegverlauf siehe Seite 42). Alternativ kann auch in Hittisau übernachtet werden. Dorthin gelangt man mit dem Bus 46 oder mit dem Taxi (Achtung: Dieses muss bereits am Vortag reserviert werden, Seite 166).

HÖHENPROFIL

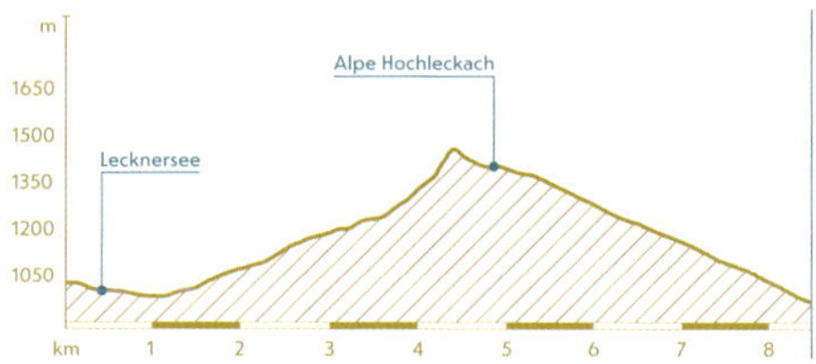

Am wunderschön gelegenen Lecknersee startet die landschaftlich besonders reizvolle 5. Etappe.

Der Käseerzeugung Schritt für Schritt begegnen

Diese Etappe ist relativ kurz und bietet wenig Schwierigkeiten. Landschaftlich ist sie allerdings sehr reizvoll. Im idyllischen Lecknertal liegen viele im Sommer bewirtschaftete Sennalpen, die Bergkäse erzeugen. Die Etappe startet am Alpengasthof Höfle am Lecknersee, von dort geht es erst leicht ansteigend hinauf zur Äuelealpe, danach etwas steiler hinter dem Koppachstein Richtung Alpe Hochleckach, die man kurz nach dem höchsten Punkt der Wanderung erreicht. Die Weideflächen der Alpe liegen idyllisch unter dem Koppachstein. Von der Alpe führt der Weg der Straße entlang bis zum Ferienhof Sonne in Sippersegg.

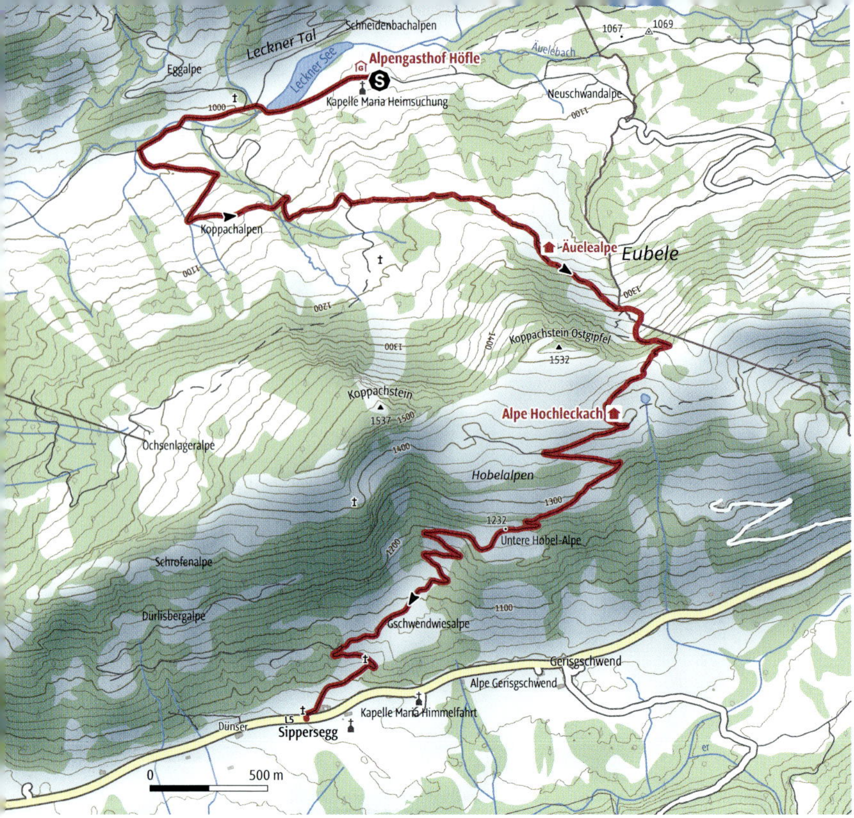

• • WISSENSWERTES

Baukunst allerorten

Unter Experten gilt Vorarlberg als ein Land mit einer hohen Dichte an zeitgenössischer Architektur. Das hat wohl auch damit zu tun, dass unter dem Begriff Baukultur oder Baukunst hierzulande Handwerker, Architekten, aber auch Bauträger und Behörden zusammenwirken. Mit dem Blick auf bestehende, oft jahrhundertealte Fertigkeiten wurde eine moderne Architektur geschaffen, die von den Handwerksbetrieben umgesetzt und von den zuständigen Behörden auch zugelassen wird.

Besonders bekannt ist diese im Bereich der Vorarlberger Holzbaukunst, aber sie beschränkt sich nicht darauf. Vorarlberger Architekturbüros und Holzbaubetriebe planen und bauen auch international. Dabei sind sie tief in der Region verwurzelt und haben allesamt mit Bauten in Vorarlberg ihre Karriere gestartet. Dass diese „Global Players" der Architektur sich auch um Aufträge im Land bemühen, trägt zur

Nach dem 30-jährigen Krieg machten sich Bregenzerwälder Bauleute auf und stellten sich in den Dienst der reichen Klöster des süddeutschen Raums. Einige der prachtvollsten Barockkirchen in Süddeutschland, der Schweiz und im Elsass wurden von Baumeistern und Handwerkern der Vorarlberger Barockbauschule errichtet.

Der Kindergarten Bizau wurde vom Architektenteam rund um Bernardo Bader geplant.

hohen Qualität der Bauten bei. Hier wetteifern so manches Mal auch die international tätigen Architekturbüros um lokale Bauaufgaben wie etwa Kindergärten oder Schulen.

In der kleinen Bregenzerwälder Gemeinde Krumbach gestalteten sieben Architekten aus sieben Ländern sieben Bushaltestellen. Jeder Architekt mit einem ganz eigenen Zugang, was sich an den sehr unterschiedlichen Ergebnissen erkennen lässt.

Und auch große internationale Architekten kommen gerne hierher. Eine Besonderheit ist sicher die kleine Gemeinde Krumbach: Hier haben sieben internationale Architekturbüros, jeweils mit Vorarlberger Architekturbüros und Unternehmen vor Ort als Partnern, mit dem Projekt BUS:STOP neue Buswartehäuschen gestaltet. Sieben komplett unterschiedliche Gestaltungen wurden so für die Haltestellen im Ort gefunden.

Im typischen Bregenzerwälderhaus sind Wohngebäude, Stall, Heustadel und auch Geräteschuppen in einem Gebäude untergebracht, das entsprechend groß ist. Vorarlberger Architekten haben verschiedene Ansätze zur Nutzung dieser riesigen Häuser entwickelt.

Baukunst ist aber nichts Abgehobenes, sondern alltäglich. In jedem Bregenzerwälder Dorf, durch das man marschiert, wird man die typischen alten Wälderhäuser sehen. Sie sind sehr groß, Vieh, Heu und Menschen fanden alle in einem Gebäude Platz. Daneben findet sich aber auch viel zeitgenössische Architektur, die direkt einem Architekturmagazin entsprungen sein könnte. Ganz besonders wird es, wenn die alten Wälderhäuser für die heutigen Ansprüche adaptiert werden. Der Gebäudeteil, in dem sich vorher der Stall befand, wird dabei oft mit modernen Lösungen zu gleichsam urigen wie offenen Wohnräumen umgebaut. Hier gibt es viele Beispiele für eine gelungene Symbiose aus „alt" und „neu".

06 Von Sippersegg nach Sibratsgfäll

• •

In fünfeinhalb Stunden geht es hinauf über schöne Weiden und immergrünen Tannenwald, hinunter durch hübsche Graslandschaft bis Sibratsgfäll.

ECKDATEN ZUR TOUR

AUSGANGSPUNKT	Sippersegg, Hittisau
ANFAHRT	**Mit öffentlichen Verkehrsmitteln:** Vom Bahnhof Bregenz mit dem Bus 25 nach „Hittisau Gemeindehaus" und weiter mit Linie 46 nach Sippersegg. Oder vom Bahnhof Oberstdorf (D) mit dem Bus 46 nach Sippersegg. **Mit dem PKW:** A14 Rheintal/Walgau Autobahn, Ausfahrt Dornbirn-Nord, Richtung Bregenzerwald, Alberschwende, Lingenau bis nach Hittisau, auf der L5 in Richtung Balderschwang bis zum Ferienhof Sonne. Es gibt einige Parkplätze in Sippersegg.
GEHZEIT	5 Std. 30 Min.
WEGSTRECKE	15,5 km
WEGVERLAUF	Sippersegg – Gerisgschwend – Bibersteinalpe – Alpe Lappach – Burgl-Hütte – Silbratsgfäll über Sättele – Vögels Neualpe – Bergrast Wildries – Hocheggalpe – Sibratsgfäll
HÖHENUNTERSCHIED	Aufstieg: 750 m Abstieg: 750 m Tiefster Punkt: 930 m Höchster Punkt: 1510 m
SCHWIERIGKEIT	mittel
EINKEHRMÖGLICHKEITEN	Alpe Gerisgschwend, Alpe Lappach, Burgl-Hütte, Bergrast Wildries
UNTERKÜNFTE	in Sibratsgfäll (Seite 169)

HÖHENPROFIL

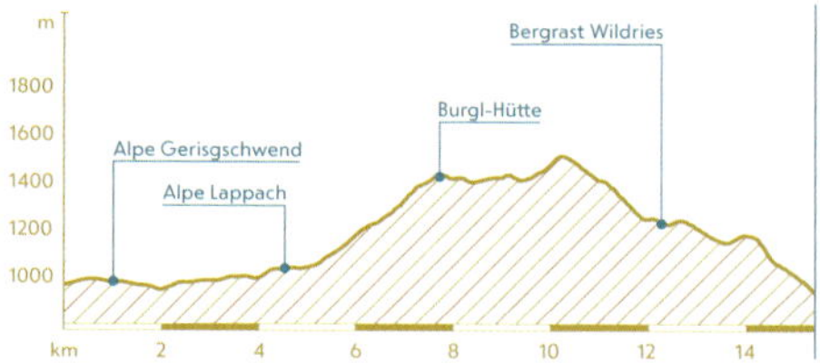

Bei der Bergrast Wildries treffen die schwierigere und die einfachere Variante der Etappe wieder zusammen.

Die 200 Jahre alte Burgl-Hütte lädt zu einer Einkehr am Weg ein.

06

Wanderung über Bregenzerwälder Alpen

Diese gut fünf Stunden lange Etappe ist nicht sehr anspruchsvoll und bietet, als Variante, auch einen Gipfelsieg für engagierte Wanderer.

Von Sippersegg aus geht es erst entlang der Landstraße bis zur Kapelle Maria Himmelfahrt bzw. der dort liegenden Alpe Gerisgschwend. Hier kann man in der Schausennerei bei der Käseerzeugung zuschauen. Auf einem Güterweg weiter ansteigend zur Bibersteinalpe und daraufhin zur bewirtschafteten Lappachalpe und der Stadelmannburstalpe. Anschließend durch Wald und über Wiesen bis zur Burgl-Hütte. Von hier geht man über das Sättele und Vögels Neualpe zur Bergrast Wildries. Wer es etwas herausfordender mag, kann über den Feuerstätterkopf (1645 m) und die Bereuters Neualpe zur Jausenstation wandern. Jetzt geht es auf einem gemütlichen Güterweg am Rindberg vorbei hinunter nach Sibratsgfäll. Mit dieser Etappe endet im Übrigen auch die Nagelfluhkette.

Blick auf Sibratsgfäll

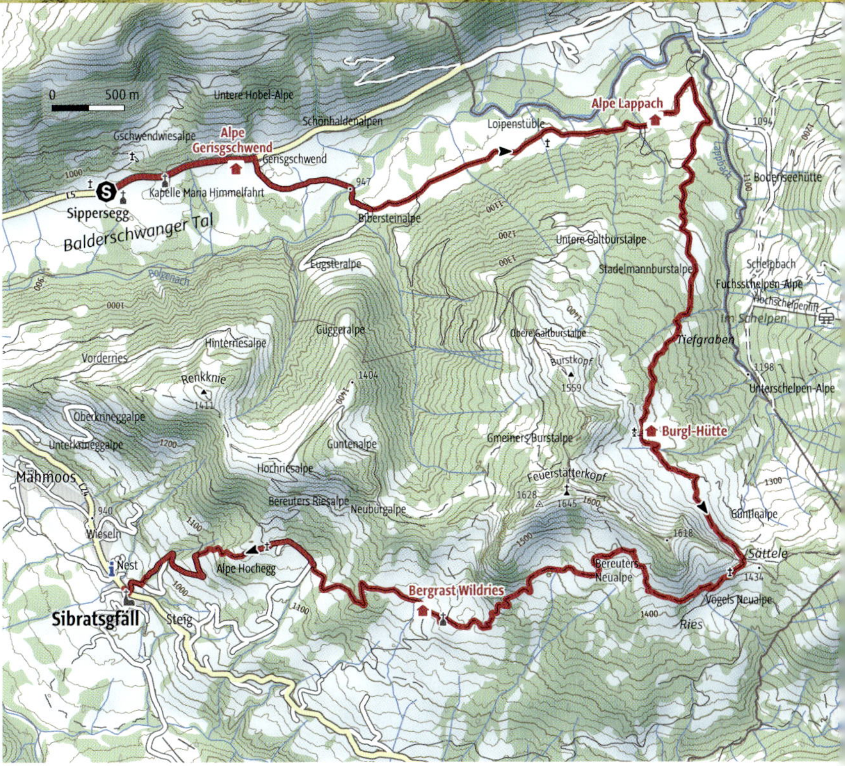
0
500 m
Untere Hobel-Alpe
Schönhaldenalpen
Gschwendwiesalpe
Alpe
Gerisgschwend
Gerisgschwend
Kapelle Maria Himmelfahrt
Sippersegg
Balderschwanger Tal
Bolgenach
947
Bibersteinalpe
Loipenstüble
Alpe Lappach
Bodenseehütte
Untere Galtburstalpe
Stadelmannburstalpe
Schelpbach
Fuchsschelpen-Alpe
Im Schelpen
Tiefgraben
1198
Unterschelpen-Alpe
Eugsteralpe
Güggeralpe
Hinterriesalpe
Vorderries
Renkknie
1411
1404
Obere Galtburstalpe
Burstkopf
1559
Oberkrinneggalpe
Unterkrinneggalpe
Guntenalpe
Gmeiners Burstalpe
Burgl-Hütte
Mahmoos
Hochriesalpe
Feuerstätterkopf
1628
1645
Bereuters Riesalpe
Neuburgalpe
Guntlealpe
940
Wieseln
1618
Nest
Alpe Hochegg
Sättele
Bereuters
Neualpe
1434
Bergrast Wildries
Vogels Neualpe
Sibratsgfäll
Steig
Ries

Ein Dorf schwimmt davon

Sibratsgfäll ist ein idyllisches Bergdorf, eingebettet in einem sonnigen Talkessel im Süden der Nagelfluhkette. Welche Dynamik in dem relativ jungen Gebirge herrscht, wird wohl in kaum einer anderen Gemeinde so deutlich wie in Sibratsgfäll.

Ein Blick zurück: Im Mai 1999 regnete es stark. Zu Pfingsten gerieten Berghänge oberhalb des Ortsteils Rindberg in Bewegung. Fast fünf Monate lang rutschte eine Fläche von 1,8 Quadratkilometern talwärts und nahm alles mit, was sich auf oder unter ihr befand. Als die Rutschung abebbte, waren 17 Gebäude und 6,1 Kilometer Wegenetz zerstört. 80 Millionen Kubikmeter Erdreich und Gestein waren gerutscht, und das mit Fließgeschwindigkeiten von bis zu zwanzig Metern pro Tag. Eine Kapelle wurde um 180 Meter versetzt. Die Evakuierung der Bevölkerung hatte das Schlimmste verhindert, Menschen kamen nicht zu Schaden.

Sibratsgfäll ist die jüngste Gemeinde des Bregenzerwaldes und erst seit Mitte des 17. Jahrhunderts ganzjährig bewohnt. Davor wurde das Gebiet als Vorsäß und Alpgebiet genutzt. Die ehemals durch Land- und Forstwirtschaft geprägte Gemeinde besitzt heute viele Handwerksbetriebe und auch der Tourismus spielt eine wichtige Rolle.

Auf der Georunde Rindberg in Sibratsgfäll werden die Ereignisse von 1999 gut beschrieben und erklärt.

06

Die Rutschung hatte mehrere Ursachen. In den Hanglagen befindet sich in einer Tiefe zwischen zwei und 70 Metern eine wasserundurchlässige Lehmschicht. Große Schneemengen im Winter und viele Niederschläge im Frühling sorgten dafür, dass die Erde das Wasser nicht mehr aufnehmen konnte, es baute sich ein Druck auf, der schließlich die Rutschung auslöste. Eine solche Schicht ist typisch für das Gebiet, das zum Helvetikum gehört – in dieser geologischen Zone gibt es mehrere Schichten, eine davon ist der Flysch, der in Sibratsgfäll für die wasserundurchlässige Lehmschicht im Untergrund sorgt.

In Sibratsgfäll wurde nach der Naturkatastrophe ein informativer Rundwanderweg, die Georunde Rindberg, gestaltet. Dabei kann beispielsweise ein „schiefes" Haus besichtigt werden, das 18 Meter vom ursprünglichen Standort schief, aber ansonsten unversehrt stehen blieb. Auch eine schiefe Tanne, eine Skulptur und der Abriss der Rutschung sind zu sehen. Sibratsgfäll hat auch eine rechtliche Lösung für das Problem gefunden: Wenn das Grundstück rutscht, rutschen auch die Grenzen mit.

„Felbers schiefes Haus" zu Beginn der Georunde ist ein begehbarer Zeitzeuge. Das ehemalige Ferienhaus zeigt den Besuchern die Macht der Naturgewalten. Besonders eindrucksvoll ist es, in einem Haus zu stehen, das im wahrsten Sinne des Wortes aus dem Lot geraten ist.

Heute ist das Dorf übrigens immer noch nicht sicher: Statistisch gibt es in dem Gebiet alle 300 Jahre eine massive Rutschung des Geländes.

07 Von Sibratsgfäll nach Schönenbach

Zweieinhalb Stunden lang dem Alltag entfliehen: Mal sanft, mal steil über Wiesen und Wälder entlang der Subersach geht es in die traumhafte Vorsäß-Siedlung Schönenbach.

ECKDATEN ZUR TOUR

AUSGANGSPUNKT	Sibratsgfäll
ANFAHRT	**Mit öffentlichen Verkehrsmitteln:** Vom Bahnhof Dornbirn mit dem Bus 41 nach Sibratsgfäll, vom Bahnhof Bregenz mit dem Bus 25 nach „Hittisau Gemeindehaus“, dort umsteigen auf den Bus 41. **Mit dem PKW:** A14 Rheintal/Walgau Autobahn, Ausfahrt Dornbirn-Nord, Richtung Bregenzerwald, Alberschwende, Lingenau, Hittisau bis nach Sibratsgfäll. Es befinden sich Parkplätze im Ortszentrum. Die Etappe kann alternativ auch beim Parkplatz Lift Krähenberg gestartet werden.
GEHZEIT	2 Std. 30 Min.
WEGSTRECKE	7,8 km
WEGVERLAUF	Sibratsgfäll über Krähenberg – Auenalpe – Hengstig – Schönenbach
HÖHENUNTERSCHIED	Aufstieg: 350 m Abstieg: 210 m Tiefster Punkt: 835 m Höchster Punkt: 1121 m
SCHWIERIGKEIT	mittel
EINKEHRMÖGLICHKEITEN	Bilgeris Krähenberg
UNTERKÜNFTE	Jagdgasthaus Egender

HÖHENPROFIL

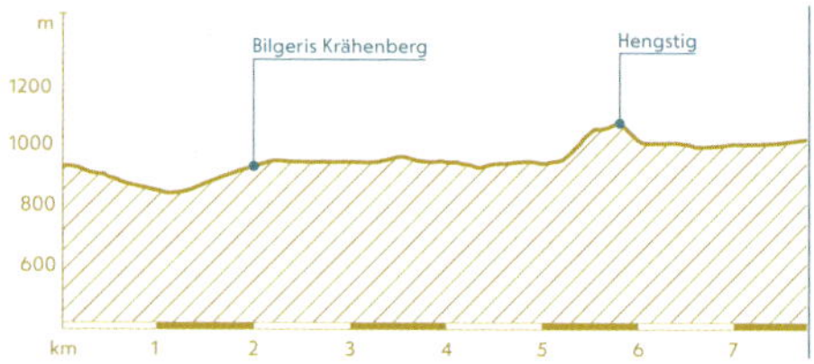

Schönenbach gilt als eine der schönsten Vorsäß-Siedlungen des Bregenzerwaldes.

07

Einfach einmal rasten und die Landschaft auf sich wirken lassen.

Unterwegs in einer hügeligen Märchenlandschaft

Mit nur etwas mehr als zwei Stunden Gehzeit ist diese Etappe eine der kürzesten der Rundwanderung. Allerdings gibt es hier Abschnitte, bei denen man trittsicher sein sollte, die Strecke darf also nicht unterschätzt werden. Belohnt wird man mit einer hügeligen Märchenlandschaft und am Etappenziel mit einer wunderschönen Vorsäß-Siedlung.

Von der Sibratsgfäller Kirche führt die Route auf einer schmalen Straße erst hinunter zur Brücke und dann zu Nußbaumers Krähenbergalpe. Nun entlang der Subersach bis zur nächsten Brücke. Jetzt wandert man in einem ruhigen Hochtal mehr oder weniger flach Richtung Talschluss. Nach dem Passieren der Leugehralpe und Auenalpe führt der Weg steil hinauf zum Hengstig – hier ist Trittsicherheit erforderlich. Der Abschnitt kann umgangen werden: Von Nußbaumers Krähenbergalpe gelangt man auch auf leichtem Weg über die Iferalpe ans Ziel. Hinter dem Gipfel geht es erst kurz steil bergab, dann führt die Wanderung flach und gemütlich nach Schönenbach.

• • WISSENSWERTES

Die Drei-Stufen-Landwirtschaft

Die im Bregenzerwald übliche Form der Landwirtschaft, die Drei-Stufen-Landwirtschaft, wurde 2010 als Immaterielles UNESCO-Kulturerbe anerkannt. Diese Form der Landwirtschaft prägt die Kulturlandschaft des Bregenzerwaldes und wird in ähnlicher Form auch in anderen Teilen Vorarlbergs praktiziert. Die Drei-Stufen-Landwirtschaft ist eine Bewirtschaftungsform, die Bregenzerwälder Bauern bis heute verwenden, da das silofreie Futter aus den hofeigenen Flächen meist nicht ausreicht, um ihr Vieh ganzjährig zu versorgen. Die klassische Drei-Stufen-Landwirtschaft betrifft sämtliche Lebensaspekte der Bauernfamilien. Sie ziehen typischerweise mit ihrem Vieh im Frühjahr erst auf das Vorsäß und dann im Sommer auf die Alpe.

Im Rahmen des Immateriellen Kulturerbes im Sinne der UNESCO sollen Traditionen, Künste, Rituale, Wissen um die Natur oder Handwerkkünste der einzelnen Gesellschaften aufgenommen und sichtbar gemacht werden, um ihre Leistungen für die Zukunft zu bewahren.

Die Alpstruktur, die man in Vorarlberg antrifft, ist aus den Bedürfnissen der Landwirtschaft entstanden. Große Teile der Bergflächen in Vorarlberg

07

wären ohne diese Form der Bewirtschaftung Waldflächen, die saftigen Wiesen und Weiden und großen offenen Flächen sind eine Kulturlandschaft. Die Bedeutung dieser Bewirtschaftung geht über das reine Interesse der Bauern hinaus. Ein Beispiel dafür ist der Bregenzerwälder Berg- oder auch Alpkäse. Milch lässt sich nur schwer lagern, Käse bleibt dagegen auf lange Zeit haltbar. Deshalb gehört auf einer Kuh-Alpe das Käsen zu den wichtigsten Arbeiten der Älpler. Nach dem Melken am Morgen und Abend wird die Milch direkt zu Käse verarbeitet und eingelagert.

Beim Wandern im Alpgebiet mit Weidetieren sind Vorsicht und ein respektvolles Verhalten geboten. Dies gilt ganz besonders beim Wandern mit Hund. Bitte beachten Sie die Verhaltensregeln im Umgang mit Weidetieren!

Trotzdem ist diese Form der Bewirtschaftung auf dem Rückzug. Milchkühe bleiben immer öfter im Tal und die Alpen werden zunehmend von Jungrindern oder auch Mutterkühen mit Kälbern genutzt. Die Mutterkuh-Haltung dient dabei einer naturnahen Fleischzucht, bei der die Melkarbeit entfällt, da die Tiere ihren Nachwuchs selbst säugen. Auch Schafe und Ziegen sind auf Alpen immer beliebter und auf vielen Alpen werden zudem Schweine gehalten, die im Herbst als Alp-Schweine verarbeitet werden.

Während das Handmelken rund 15 Minuten in Anspruch nimmt, kann heute ein Bauer mit Melkmaschine etwa 40 Kühe pro Stunden melken, wobei der Melkvorgang pro Kuh weiter etwa 10 Minuten dauert.

Auch die Lebensart hat sich stark verändert. Auf viele Alpen zieht die Familie nicht mehr mit hinauf. Oft werden Alpen genossenschaftlich betrieben, wo das Vieh von angestellten Älplern betreut wird. Währenddessen wird im Tal für den Winter gearbeitet: Die Wiesen werden gemäht, Heu eingebracht und Instandhaltungsarbeiten stehen an. Wer die Milchkühe im Tal behält, muss ohnehin im Tal bleiben, das tägliche zweimalige Melken, idealerweise im Abstand von 12 Stunden, macht das notwendig.

08 Von Schönenbach nach Mittelberg

• •

Diese schwere Ganztagestour vom Bregenzerwald ins Kleinwalsertal verlangt eine gute Orientierung. Das Landschaftserlebnis lohnt allemal die Mühe!

ECKDATEN ZUR TOUR

AUSGANGSPUNKT	Schönenbach, Bezau
ANFAHRT	**Mit öffentlichen Verkehrsmitteln:** Vom Bahnhof Bregenz mit dem Landbus 35 bis „Bezau Busbahnhof". Umsteigen auf Bus 36 bis nach „Schönenbach". **Mit dem PKW:** Anfahrt: A14 Rheintal/Walgau Autobahn, Ausfahrt Dornbirn-Nord, Richtung Bregenzerwald: Alberschwende, Bezau, Bizau bis nach Schönenbach. Die Straße ist ab Bizau mautpflichtig. Parkplatz ca. 200 m vor dem Jagdgasthaus Egender.
GEHZEIT	7 Std. 30 Min.
WEGSTRECKE	18,0 km
WEGVERLAUF	Schönenbach – Kleinwalsertal – Hahnenköpfle über Gottesacker(plateau) – (Hoher Ifen) – Ifenhütte Ifenbahn – Auenhütte – Schöntal – Heuberg Bergstation – Zaferna – Mittelberg
HÖHENUNTERSCHIED	Aufstieg: 1400 m Abstieg: 1200 m Tiefster Punkt: 1015 m Höchster Punkt: 2075 m
SCHWIERIGKEIT	schwer
EINKEHRMÖGLICHKEITEN	Ifenhütte, Auenhütte, Sonna-Alp
UNTERKÜNFTE	in Mittelberg (Seite 169), alternativ in der Auenhütte

HÖHENPROFIL

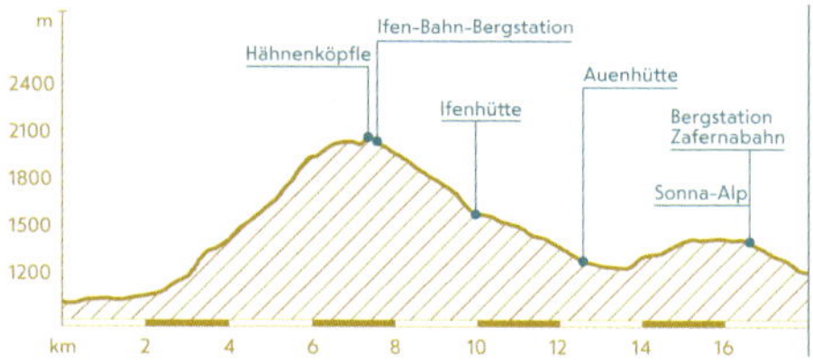

Bei der Wanderung ins Kleinwalsertal beeindruckt besonders das Felsmassiv des Hohen Ifen, das auch als Orientierungspunkt wertvolle Hilfe leistet.

Herausfordernde Etappe inmitten beeindruckender Karstlandschaft

Auf dieser Etappe wird es richtig anspruchsvoll: Der Weg von Schönenbach nach Mittelberg ist lange, es werden viele Höhenmeter gemacht und auch Trittsicherheit und Schwindelfreiheit sollte man hier jedenfalls mitbringen.

In Schönenbach beginnt die Etappe aber erst gemütlich zur Iferwiesalpe. Nun führt ein steiler Fußweg zur Kalbelegüntlealpe. Ab hier ist auch Orientierungssinn gefragt, denn der Weg ist nur schwach mit rot-weißen Punkten markiert und führt über Wiesen. Am besten orientiert man sich am markanten Gipfel des Hohen Ifen, hält sich eher links vom Grat und dem Alpkreuz. Von einem flachen Grat geht es steil bergauf bis zu einem gut sichtbaren Wegweiser auf dem nächsten Grat. Hier ist ein wunderbarer Aussichtspunkt. Im Anschluss geht es weiter in Richtung der Karstlandschaft des Gottesackerplateaus. Bald wandert man knapp unterhalb des Hahnenköpfle-Gipfels (2085 m) vorbei an der Ifenschulter und bergab zur Bergstation der Ifenbahn. Wem die Etappe bereits anstrengend genug war, kann hier die Bahn nehmen – sehr Ambitionierte haben dagegen die Möglichkeit, noch den Hohen Ifen zu besteigen (zusätzliche 300 Höhenmeter).

Das Gottesackerplateau, eine unter Naturschutz stehende Karstlandschaft, bietet einen beeindruckenden Anblick. Ein Abstecher ins Plateau hinein lohnt sich.

Im Normalfall steigt man zu Fuß parallel zur Bergbahn-Trasse zur Auenhütte ab. Von hier geht es vorbei am Klettergarten und über eine Brücke auf einem Spazierweg Richtung Schöntal und Heuberg. Von dort dann weiter zur Zafernaalpe, von der aus man nach Mittelberg absteigt. Auch hier können müde Wanderer nochmals mit dem Zaferna Sessellift etwas Zeit einsparen.

Das Etappenziel, die Gemeinde Mittelberg, ist auf Verkehrswegen nur über Deutschland erreichbar. Aufgrund seiner geografischen Lage war das Kleinwalsertal ein Zollausschlussgebiet und somit deutsches Wirtschaftsgebiet. Bis zur Euro-Einführung wurde hier offiziell mit der Deutschen Mark bezahlt.

Im Gebirge findet man Erholung und Entspannung.

• • WISSENSWERTES

08

Die Walser – Vorarlberger mit Migrationshintergrund

Um das Jahr 1000 erreichte eine kleine Gruppe von Alemannen die Hochebene von Goms im oberen Rhonetal in der Schweiz. Es entstand die zum damaligen Zeitpunkt höchstgelegene Siedlung in den Alpen. Nur wenige hundert Jahre später machten sich viele Nachfahren dieser Siedlungen wieder auf den Weg und besiedelten in der Schweiz, Italien, Liechtenstein sowie Vorarlberg und in Galtür (Tirol) hochgelegene, bisher unerschlossene Täler. Die mittelalterliche Warmzeit half dabei – die Gletscher hatten sich weit zurückgezogen, neue Pässe wurden überquerbar. Bei diesen Siedlern handelt es sich um die Walser.

Die mittelalterliche Klimaanomalie dauerte von ca. 900 bis 1500 n. Chr. Dabei kam es in Teilen der Welt zu extremen Dürreperioden. In Europa wurde durch den Rückgang der Gletscher außerdem die Bewirtschaftung der Hochtäler attraktiver.

In Vorarlberg wurden viele Hochtäler von den Walsern besiedelt: das Kleinwalsertal, das Große Walsertal, Laternsertal, Brandnertal, Silbertal, Ebnit (Bergdorf im Gemeindegebiet von Dornbirn), Damüls, der Hochtannberg und einzelne Gemeinden im Walgau. Erste Spuren der Walser in Vorarlberg reichen bis ins Jahr 1313 zurück. Heute gibt es 19 Walsergemeinden, die sich in der Walservereinigung zusammengeschlossen haben. Die damaligen Landesherren waren froh über die Zuwanderer. Sie wurden mit Sonderrechten und Steuerfreiheit gelockt – immerhin besiedelten sie Gebiete, die zuvor ungenutzt waren. Die Siedlungsflächen umfassen fast ein Viertel der Landesfläche.

Durch die Abgeschiedenheit der Täler und Siedlungen, die im Winter auch oftmals abgeschnitten waren, haben die Walser über die vielen hundert Jahre ihren eigenen Dialekt und ihre Bräuche bewahrt. Die Vorarlberger Walser sind an ihrer Mundart schnell zu erkennen – sie sprechen einen höchstalemannischen Dialekt, während im Rest des Landes mittelalemannisch gesprochen wird. Mit dem Tourismus, der Industrialisierung und den besseren Verbindungen in die Täler drohte diese Kultur unterzugehen. Aber die Walser entwickelten bald ein Bewusstsein für ihre Identität und begannen, diese aktiv zu pflegen. Bis heute bilden sie eine Gruppe, die über Grenzen hinaus zusammenarbeitet.

Das Walserbewusstsein wird nicht zuletzt durch verschiedene Vereinigungen gepflegt. Als Beispiel kann die Vorarlberger Walservereinigung genannt werden, der 17 Vorarlberger Walsergemeinden sowie Galtür (Tirol) und Triesenberg (Liechtenstein) angehören.

Auch die Höfe der Walser haben ein charakteristisches Aussehen. Denn die Walser bauten hierzulande Stall und Wohnhaus getrennt, während sich diese im restlichen Vorarlberg zumeist in einem einzelnen Gebäude befinden. Typisch sind auch die Streusiedlungen: Die Berglandwirtschaft der Walser benötigte große Flächen, um das Heu einzubringen, so entstanden weit auseinanderliegende Gehöfte.

Wenn die Landschaft karg und die Berge schroff und steil werden, dann trifft man in Vorarlberg oft auf die Walsergemeinden.

09 Von Mittelberg zum Hochtannberg

Die Halbtageswanderung führt über einen schönen Höhenweg gemütlich durch das Bärgunttal bis zum Hochalppass und in einem entspannten Abstieg zum Hochtannbergpass.

ECKDATEN ZUR TOUR

AUSGANGSPUNKT	Mittelberg
ANFAHRT	**Mit öffentlichen Verkehrsmitteln:** Vom Bahnhof in Oberstdorf (D) mit dem Bus 1 (Walserbus) bis „Kleinwalsertal Mittelberg Ort“. **Mit dem PKW:** A14 Rheintal/Walgau Autobahn, Ausfahrt Bregenz, über die Queralpenstraße nach Oberstaufen, Immenstadt, Oberstdorf (D) und weiter ins Kleinwalsertal nach Mittelberg. Alternativ auch über den Riedbergpass und den Bregenzerwald (Hittisau). Aus Deutschland: Über die A7, beim Autobahndreieck Allgäu nach Waltenhofen, dann über die B19 in Richtung Mittelberg. Gebührenpflichtige Tagesparkplätze in Mittelberg bei der Talstation der Walmendingerhornbahn oder bei Mittelberg Moos.
GEHZEIT	4 Std. 15 Min.
WEGSTRECKE	10,7 km
WEGVERLAUF	Mittelberg – Baad (Höhenweg) – Bärgunthütte – Hochalppass – Hochtannbergpass – Hochkrumbach
HÖHENUNTERSCHIED	Aufstieg: 950 m Abstieg: 480 m Tiefster Punkt: 1200 m Höchster Punkt: 1938 m
SCHWIERIGKEIT	mittel
EINKEHRMÖGLICHKEITEN	Bärgunthütte
UNTERKÜNFTE	Hotel Adler, Hochkrumbach (Achtung: kein Restaurantbetrieb im Sommer), alternativ im Hotel Jägeralpe (ca. 25 Min. in Richtung Osten) oder dem Wegverlauf von Etappe 10 folgen bis zum Berghotel Körbersee (ca. 1 Std.)

HÖHENPROFIL

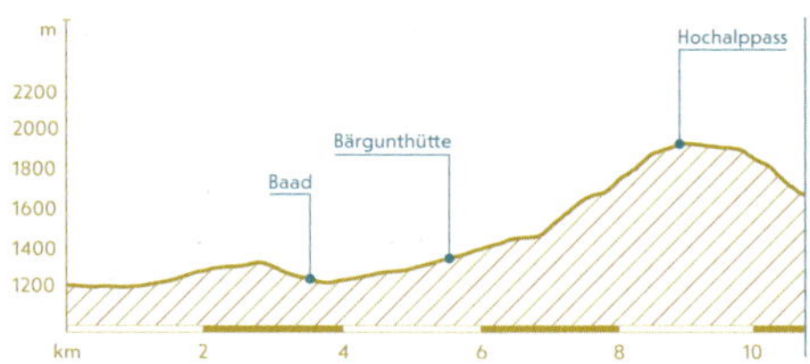

Der große Widderstein ist eine alpinistische Herausforderung, die erfahrene Bergsteiger auf der neunten Etappe mit einbauen können.

Auf den Spuren der Walser

Die Etappe von Mittelberg zum Hochtannbergpass ist in gut vier Stunden bewältigbar. Trotz schöner Gebirgslandschaft ist sie technisch nicht besonders herausfordernd.

Von Mittelberg aus führt die Wanderung erst leicht bergauf und dann wieder bergab auf dem Baader Höhen- und Kulturweg nach Baad. Von hier steigt der Weg leicht an, die Wanderung führt ins Bärgunttal zur Bärgunthütte. Jetzt wird es steiler, es folgt der Anstieg zum Hochalppass (1938 m). Wer einen Gipfelsieg anstrebt, kann hier eine schwierige Tour auf den Widderstein (2533 m) machen. Wer eine der schönsten Blumenwelten Vorarlbergs bestaunen will, sollte ca. einen Kilometer weiter zur Höferspitze (2131 m) gehen. Oder man geht einfach abwärts zum Hochtannbergpass. Hier bieten zwei Hotels Übernachtungsmöglichkeiten. Wer am „schönsten Ort Österreichs 2017" übernachten will, dem Siegerplatz aus der ORF-Sendung „9 Plätze – 9 Schätze", der kann eine knappe Stunde Wanderung dranhängen und zum Körbersee weiterwandern und dort im Berghotel Körbersee übernachten. Dieser Abschnitt gehört aber eigentlich schon zur nächsten Tagesetappe der Rundwanderung.

In der Umgebung des Kalbelesees endet die Etappe.

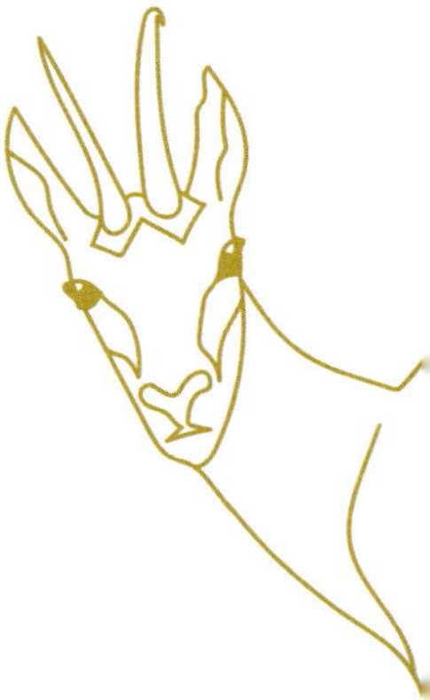

• • WISSENSWERTES

Tödliche Wilderei

Sonntag, 31. Oktober 1909. Das Grenzgebiet zwischen Oberstdorf und Warth. Es ist ein kalter Morgen, als zwei bayrische Jagdaufseher um vier Uhr einen Beobachtungsposten beziehen. Sie sind auf der Jagd nach Wilderern. Um 10 Uhr beobachten sie zwei Wilderer auf der Pirsch. Die Aufseher nehmen die Verfolgung auf, verlieren aber die Spur. Gegen 17 Uhr fallen drei Schüsse. Als sich der Nebel verzieht, sehen sie die Wilderer, die einen Hirsch zerlegen. Die Jäger steigen zum Schrofenpass auf, den die Wilderer aus Österreich passieren müssen. Es ist bereits dunkel, als die beiden kommen. Die Jäger lassen den ersten Wilderer passieren. Den zweiten wollen sie stellen: Doch der bleibt nicht stehen und greift scheinbar zum Gewehr. Ein Jäger schießt. Der Wilderer, ein zwanzigjähriger Knecht aus Au, der von seinem Bauern, einem erfahrenen Wilderer, zum ersten Mal mitgenommen worden war, ist tot.

Am Schrofenpass zwischen Österreich und Deutschland gibt es bis heute keine Straße. Er ist mittlerweile Teil einiger bekannter Transalp-Mountainbike-Routen und gilt dabei als einer der Höhepunkte, weil man das Rad im ausgesetzten Fels mittragen muss.

Steinwild im Hochtannberggebiet.

Wilderer-Geschichten faszinieren uns. Oft sind sie verbunden mit dem Mythos des Kampfes Arm gegen Reich, war doch früher die Jagd dem Adel vorbehalten. Auch heute sind viele Jagden in Vorarlberg in der Hand vermögender Leute. Aktuell gibt es an die 2500 Jäger in Vorarlberg, darunter immer mehr Frauen. Der Jagd kommt eine wichtige Aufgabe zu: Die Rückzugsorte für das Wild werden durch die dichte Besiedelung in den Tälern und die Aktivitäten der Menschen im Gebirge weniger, bei zu hohem Besatz leiden die Jungbäume, die angeknabbert nicht mehr richtig wachsen. Die Jagd in Vorarlberg ist deshalb stark dadurch geprägt, dass die Jäger festgelegte Abschussquoten erreichen müssen.

Die Abschüsse werden genau erfasst. In einer Jagdsaison werden in Vorarlbergs Wäldern, Bergen und Auen an die 2900 Hirsche, über 5500 Rehe, 1200 Gämsen und an die 100 Stück Steinwild geschossen. Dazu kommen 2500 Stück „Haarwild" (Murmeltiere, Hasen etc.) und 1655 Stück Federwild.

Der Steinbock, also das Steinwild, war in Vorarlberg lange Zeit ausgerottet. Erst ab den 1950er-Jahren. wurden die Tiere wieder in mehreren Regionen Vorarlbergs angesiedelt. Heute gibt es im Land rund 1500 Tiere.

Es gibt viele Kritiker der Jägerei. Wer allerdings Fleisch isst, der findet mit dem Wild das gesündeste Fleisch – immerhin leben die Tiere in einer komplett natürlichen Umgebung ohne Futterzusatzstoffe.

Wilderei gibt es übrigens immer noch, wobei hier nicht mehr Armut der Auslöser ist, sondern eher die Lust am Verbotenen.

10 Vom Hochtannberg nach Lech

• •

Eine mittelschwere Halbtagesetappe, die landschaftlich überzeugt: vorbei an zwei Bergseen und über herrlich grüne Grasmatten ins bekannte Lech.

ECKDATEN ZUR TOUR

AUSGANGSPUNKT	Hochtannberg, Warth-Schröcken
ANFAHRT	**Mit öffentlichen Verkehrsmitteln:** Zur Haltestelle „Hochkrumbach Gasthaus Adler". Vom Bahnhof Dornbirn mit dem Bus 40 nach „Schoppernau Gemeindeamt", von dort mit dem Bus 40a; vom Bahnhof Langen am Arlberg mit dem Bus 91 nach „Lech Schlosskopf", von dort mit dem Bus 40a, oder vom Bahnhof Reutte (Tirol) mit dem Bus 110 bis „Warth Dorfplatz", dort umsteigen auf den Bus 40a. **Mit dem PKW:** A14 Rheintal/Walgau Autobahn, Ausfahrt Dornbirn Nord, Richtung Bregenzerwald, Bezau, Schröcken, Hochkrumbach. Aus München/Salzburg: über die A95, Oberau, Ettal, Linderhof, Grenze Ammerwald, Plansee, Reutte, Lechtal, Warth nach Hochkrumbach. Es befinden sich mehrere Parkmöglichkeiten bei der Bushaltestelle.
GEHZEIT	4 Std. 30 Min.
WEGSTRECKE	13,4 km
WEGVERLAUF	Hochkrumbach – Körbalpe – Kalbelesee – Körbersee – Untere Auenfeldalpe – Auenfeldsattel – Untere Gaisbühelalpe – Tannegg – Gipslöcher – Oberlech (Bergbahn) – Lech (über Rudalpe)
HÖHEN-UNTERSCHIED	Aufstieg: 400 m Abstieg: 620 m Tiefster Punkt: 1441 m Höchster Punkt: 1818 m
SCHWIERIGKEIT	mittel
EINKEHR-MÖGLICHKEITEN	Berghotel Körbersee, Auenfelder Hütte (liegt ca. 20 Min. abseits des Weges), Untere Auenfeldalpe
UNTERKÜNFTE	in Lech am Arlberg

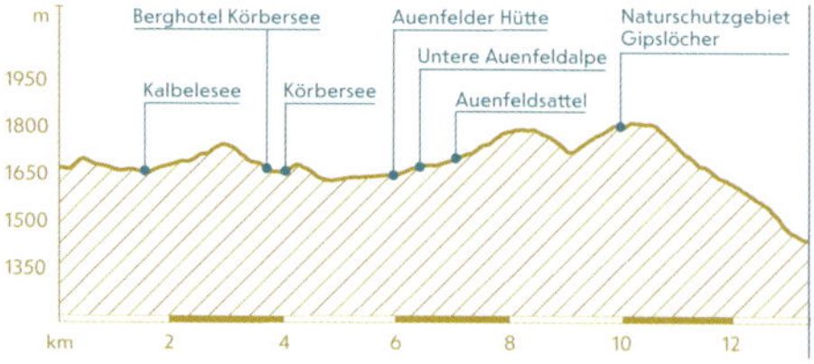

HÖHENPROFIL

Der Körbersee ist laut ORF-Sendung „9 Plätze – 9 Schätze" einer der schönsten Plätze Österreichs.

Ein Murmeltier anzutreffen gehört zu den eher seltenen Erfahrungen in den Bergen.

10

An wunderschönen Bergseen vorbei ins mondäne Lech

Die mittelschwere Etappe von Hochkrumbach nach Lech ist an einem halben Tag zu schaffen. Die Wanderung führt am Körbersee vorbei. Ziel ist das mondäne Lech, einer der berühmtesten Tourismusorte der Alpen.

Vom Hochtannbergpass führt die Etappe am Kalbelesee vorbei und dann leicht wellig zum Körbersee. Sanft auf- und abwärts geht es weiter über grüne Alpwiesen am Auenfeld zum Auenfeldsattel.

Von dort führt die Wanderung zu den beeindruckenden Gipslöchern, an denen ein Lehrpfad angelegt wurde. Im Anschluss wandert man weiter nach Oberlech und dann hinunter nach Lech. Den Abstieg kann man via Petersbodenbahn (in der Nähe der Gipslöcher) oder der Bergbahn Oberlech/Lech (in Oberlech) abkürzen.

10

• • WISSENSWERTES

Meeresgrund auf 2000 Metern Höhe

Eine Wanderung rund um Vorarlberg ist auch eine Wanderung durch die Erdgeschichte und die Geologie. Denn beim Aufeinanderprallen der Eurasischen und Afrikanischen Kontinentalplatten, das zur Auffaltung der Alpen führte und immer noch führt, treten unterschiedlichste Schichten ans Tageslicht die viel über die Entstehung des herrlichen Gebirgszuges preisgeben.

Ein Beispiel für derartige Fenster in die Vergangenheit sind die Gipslöcher in Lech. Das Lechquellengebirge gehört zu den Nördlichen Kalkalpen. Bei dem Kalk, der hier auf den schroffen Felsen zutage tritt, handelt es sich um Ablagerungen des Tethys-meeres, eines seichten Meeres im Osten des Superkontinents Pangäa. Das Mittelmeer ist eines der letzten Überbleibsel der Thethys. In den Kalkalpen kommt der Meeresgrund heute noch zum Vorschein und aufmerksame Wanderer finden immer wieder Fossilien und Ablagerungen von Muscheln und anderen Meerestieren.

Dolinen sind Karsttrichter, die im Bereich der Gipslöcher bis zu 100 Meter Durchmesser und 35 Meter Tiefe erreichen können. Das leicht saure Regenwasser löst den Kalk auf und führt ihn durch Ritzen und Spalten ab. So entstehen immer größere Trichter und Löcher.

Die Gipslöcher haben dabei eine maritime Sonderstellung: Sie sind die Überreste einer Lagune, die sich vor 220 Millionen Jahren in Äquatornähe befand. Die Oberfläche lag immer wieder frei, das Meerwasser wurde von der Sonne aufgetrocknet und es kam zu Gipsbildungen. Bei der Auffaltung der Alpen kam auch diese Lagune an die Oberfläche und ist seither der Erosion ausgesetzt. Im Laufe der Jahrtausende haben sich Krater und Geländekuppen sowie über 1000 Dolinen gebildet. Ein Lehrpfad gibt Einblick in die Erdgeschichte und erklärt, wie sich die markanten Geländeformen entwickelten.

Das Eozän begann vor 56 Millionen Jahren und endete vor 34 Millionen Jahren. Es war geprägt von einem starken Temperaturanstieg im Zusammenhang mit einer erhöhten CO_2-Konzentration in der Atmosphäre. Die Pole waren zu dieser Zeit eisfrei.

Die Entstehung der Alpen reicht etwa 135 Millionen Jahre zurück und erreichte ihren Höhepunkt im Tertiär, also vor etwa 30 bis 35 Millionen Jahren. Die Afrikanische Platte, die aus dem Superkontinent Pangäa herausbrach, begann erst leichten Druck auf die Eurasische Platte auszuüben. Erste Schichtungen entstanden. Seit 53 Millionen Jahren drückt nun die Adriatische Platte (die geologisch zu Afrika gehört) direkt nordwärts Richtung Europa und schiebt sich über die Europäische Platte. Die erstmalige Kollision und Schichtung erfolgten im Eozän innerhalb von nur etwa fünf Millionen Jahren – aber der Druck besteht immer noch: Die Platten bewegen sich jährlich ca. 2,5 cm aufeinander zu, und die Alpen wachsen in diesem Zeitraum um rund einen Millimeter in die Höhe. Die Form der Gebirge wird aber nicht durch diese Aktivitäten geprägt, sondern durch die Erosion und in den Kaltzeiten durch die gewaltigen Gletscher.

Die Gipslöcher sind nicht nur geologisch, sondern auch botanisch sehr interessant.

11 Von Lech auf die Stuttgarter Hütte

• •

In einer gut viereinhalbstündigen Genusswanderung geht es von der Talstation der Rüfikopfbahn bergauf und bergab bis zur Stuttgarter Hütte.

ECKDATEN ZUR TOUR

AUSGANGSPUNKT	Rüfikopfbahn Talstation, Lech
ANFAHRT	**Mit öffentlichen Verkehrsmitteln:** Vom Bahnhof Langen am Arlberg mit dem Bus 91 oder vom Bahnhof St. Anton am Arlberg mit dem Bus 92 nach Lech am Arlberg. **Mit dem PKW:** Aus dem Westen: A14 Rheintal/Walgau Autobahn bis Bludenz, entlang der S16 Alberg Schnellstraße bis Lech/Zürs. Über die L197, L198 und den Flexenpass nach Lech. Aus dem Osten: A12 Inntal Autobahn, S16 Arlberg Schnellstraße bis St. Anton. Über die L197, L198 und den Arlberg- und Flexenpass nach Lech. Es befinden sich kostenpflichtige Parkmöglichkeiten bei der Tiefgarage Rüfiplatz oder Anger-Garage.
GEHZEIT	4 Std. 30 Min.
WEGSTRECKE	10,2 km
WEGVERLAUF	Lech – Rüfikopf (über Schafalpe) – Stuttgarter Hütte
HÖHENUNTERSCHIED	Aufstieg: 1130 m Abstieg: 440 m Tiefster Punkt: 1443 m Höchster Punkt: 2419 m
SCHWIERIGKEIT	mittel
EINKEHRMÖGLICHKEITEN	Panoramarestaurant Rüfikopf
UNTERKÜNFTE	Stuttgarter Hütte (Empfehlung: aufgrund der hohen Nachfrage auf Alpenvereinshütten früh genug reservieren)

HÖHENPROFIL

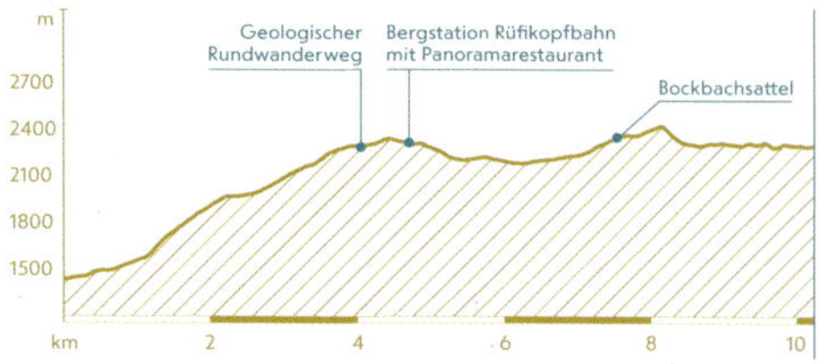

Auf einem gut ausgebauten Pfad geht es zur Raukopfscharte.

Genusswanderung auf über 2000 Metern

Die Etappe von Lech zur Stuttgarter Hütte ist mittelschwer und an einem halben Tag zu bewältigen. Wer von Lech aus die Rüfikopfbahn nutzt, kann sich dabei fast die gesamten Höhenmeter ersparen. Die so gewonnene Zeit könnte man gut nutzen, indem man sich auf dem geologischen Lehrpfad am Rüfikopf über die Entstehung der Alpen informiert.

Der Start der Etappe ist bei der Rüfikopfbahn in Lech, von wo es zu Fuß – oder eben per Seilbahn – hinauf zur Bergstation geht. Ab hier wartet eine richtige Genussstrecke auf die Wanderer. In ständigem Auf und Ab führt der Weg durch das Ochsengümpele. Dann geht man weiter auf einem gut ausgebauten Pfad zur Raukopfscharte (2419 m) und von dort steigt man zur Stuttgarter Hütte ab. Es empfiehlt sich, auf der Hütte vorab einen Platz zu reservieren.

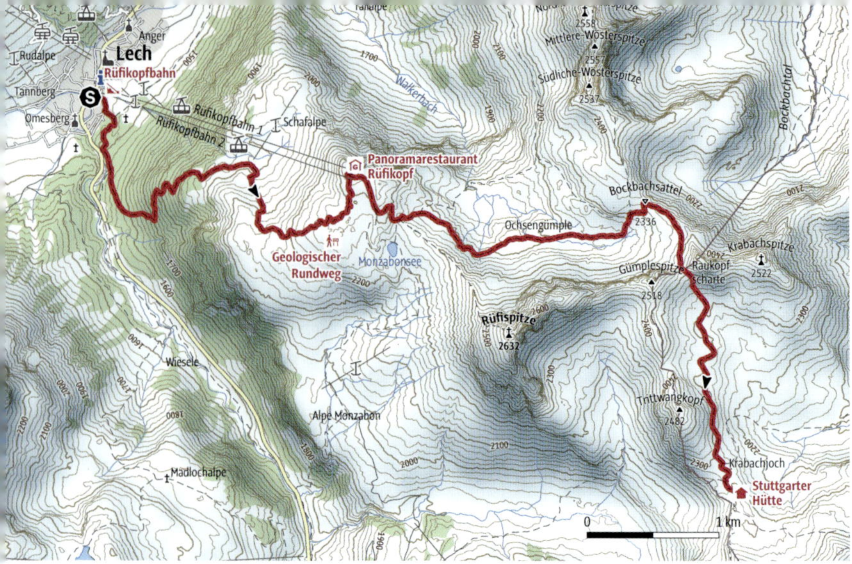

Die Etappe ist relativ kurz, vor allem, wenn man die Bergbahn nutzt. Es gibt aber einige Möglichkeiten, um hier auch noch den einen oder anderen Gipfel zu erklimmen. Auf die Rüfispitze (2632 m) kommt man beispielsweise, indem man von der Rüfikopf-Bergstation einem alpinen Steig folgt. Gleich drei Gipfel kann man bei einer Abzweigung im Bereich Ochsengümpele, vor dem Bockbachsattel, erklimmen: Von dort geht es über einen breiten Grasrücken zu den Wösterspitzen. Die Südliche Wösterspitze (2537 m) ist relativ leicht erreichbar. Wer von dort auch zur Mittleren (2557 m) und Nördlichen Wösterspitze (2558 m) wandern will, sollte Trittsicherheit und Schwindelfreiheit mitbringen, denn hier geht es über einen ausgesetzten Grat.

• • WISSENSWERTES

Die Schwabenkinder

300 Jahre lang wurden Kinder aus den armen Bergregionen Vorarlbergs, Tirols und aus Liechtenstein als Saisonarbeiter auf Bauernhöfen in Oberschwaben eingesetzt: die Schwabenkinder.

Im März jedes Jahres sammelten Begleitpersonen die Kinder im Alter von acht bis 14 Jahren in den Ortschaften ein und zogen mit ihnen nach Oberschwaben. Um diese Zeit lag auf den Bergen noch Schnee. Die Kinder, oft nur mit schlechten Schuhen und dürftiger Bekleidung ausgestattet, müssen also bereits am Weg gelitten haben. In Schwaben gab

Der bekannteste und wichtigste Hütekindermarkt fand in Ravensburg statt. In Hungerszeiten, wie etwa Mitte des 19. Jahrhunderts, kamen bis zu 4000 Kinder auf diesen Markt, der traditionell zu „Josefi" (19. März) stattfand. Auch in Friedrichshafen gab es einen wichtigen Markt.

Am Weg bieten sich grandiose Aussichten, hier etwa zur Rüfispitze.

es mehrere Kindermärkte, der erste fand am Josefitag (19. März) statt. Dort wurden die Kinder von Bauern ausgesucht und zur Arbeit mitgenommen. Eingesetzt wurden sie als Hirtebuben oder in der Hausarbeit. Die älteren Kinder hatten ähnliche Aufgaben wie die Knechte und Mägde. Die Arbeitszeit lag bei weit über zwölf Stunden täglich. Um Martini (11. November) kehrten die Kinder dann zurück. Letzte Hinweise auf das „Schwabengehen" stammen aus den 1920er-Jahren, der Höhepunkt lag in der ersten Hälfte des 19. Jahrhunderts.

Die Ursachen für diese Wanderbewegung liegen in der prekären Situation in den Berggebieten. Die Kinder, die zur Arbeit in Schwaben waren, mussten nicht versorgt werden, zudem leisteten sie einen Beitrag zum Familieneinkommen und erhielten Kleidung. Es gab die Realteilung, jeder Nachkomme erhielt einen Anteil am Erbe. Landwirtschaftliche Flächen wurden deshalb immer kleiner und unrentabler. Auch die Erwachsenen verdingten sich oft als Saisonarbeiter. 1836 soll die halbe Bevölkerung des Montafons zeitweise ausgewandert sein (darunter 700 Kinder).

In der Realteilung wird der gesamte Besitz unter allen Erbberechtigten zu gleichen Teilen aufgeteilt. Das gilt vor allem für den Landbesitz, der dadurch immer weiter zersplittert. Im Gegensatz dazu steht das Anerbenrecht, wo der Besitz an einen Erben (meist der älteste Sohn) übergeht.

Dass in Oberschwaben Bedarf herrschte, hatte konträre Gründe: Dort erbte der älteste Sohn den ganzen Hof, die anderen gingen leer aus. Heiraten war aber nur mit Besitz möglich, die Folge war, dass Oberschwaben gering besiedelt war. Arbeitskräfte waren rar, gleichzeitig waren die Hofbesitzer vermögend und erwirtschafteten einen großen Überschuss.

Das System wurde auch von den Herrschaften gefördert. So erhielten die Kinder eine Befreiung von der Schulpflicht für die Zeit der Arbeit im Ausland. Die verlorene Schulzeit schilderten viele Schwabenkinder in ihren Erinnerungen als besonders belastend, letztlich nahm man ihnen jede Möglichkeit für einen sozialen Aufstieg. Dazu kamen Misshandlungen und Ausbeutung, aus denen sich die Kinder kaum retten konnten.

Der Sonntag war arbeitsfrei. Meist fand im Anschluss an den Gottesdienst die Christenlehre statt, wobei der Pfarrer die Kinder unterrichtete. So sollte zumindest ein Mindestmaß an Bildung erfolgen. Für die Kinder war es eine Gelegenheit, Freunde aus der Heimat zu treffen.

11

12 Von der Stuttgarter Hütte zur Kaltenberghütte

Eine konditionell und technisch anspruchsvolle Ganztagesetappe, die mit fantastischen Ausblicken die Anstrengung aber wieder wettmacht.

ECKDATEN ZUR TOUR

AUSGANGSPUNKT	Stuttgarter Hütte
ANFAHRT	**Mit öffentlichen Verkehrsmitteln:** Vom Bahnhof Langen am Arlberg mit dem Bus 91 oder vom Bahnhof St. Anton am Arlberg mit dem Bus 92 bis nach Lech am Arlberg. **Mit dem PKW:** Siehe Etappe 11, Seite 64. Von Lech aus ist die Stuttgarter Hütte in ca. 5 Std. erreichbar. Alternativ kann die Strecke mit der Rüfikopfbahn abgekürzt werden, von der Bergstation sind es noch ca. 2 Std. 30 Min. bis zur Stuttgarter Hütte. (Seite 167)
GEHZEIT	6 Std. 30 Min.
WEGSTRECKE	15,6 km
WEGVERLAUF	Stuttgarter Hütte – Valluga (Boschweg) – Ulmer Hütte – Arlbergpass – Kaltenberghütte
HÖHENUNTERSCHIED	Aufstieg: 950 m Abstieg: 1120 m Tiefster Punkt: 1763 m Höchster Punkt: 2716 m
SCHWIERIGKEIT	schwer
EINKEHRMÖGLICHKEITEN	Ulmer Hütte
UNTERKÜNFTE	Kaltenberghütte (Empfehlung: aufgrund der hohen Nachfrage auf Alpenvereinshütten früh genug reservieren), alternativ in der Ulmer Hütte

HÖHENPROFIL

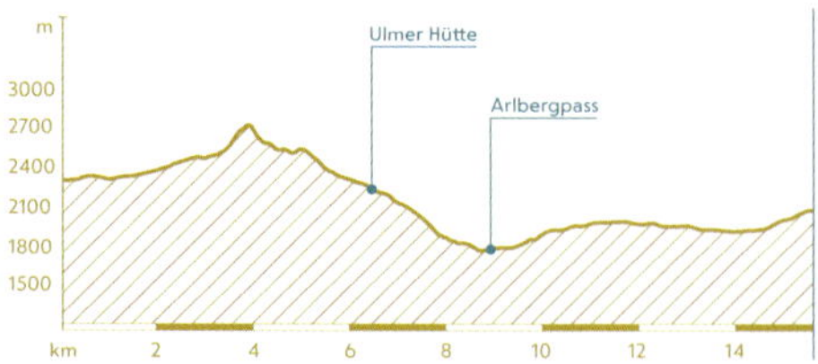

Der Boschweg wurde mit Mitteln des Industriellen und Erfinders Robert Bosch zwischen der Stuttgarter und der Ulmer Hütte angelegt.

Grandiose Aussichten vom Arlberg in das Verwallgebirge

Mit dieser Etappe steht eine lange und schwierige Wanderung auf dem Programm. Für die Mühen wird man aber mit wunderbaren Aussichten mehr als belohnt.

Von der Stuttgarter Hütte erst am Boschweg entlang in südliche Richtung wandern. Dort führt der reguläre Weg um die Valluga herum zur Ulmer Hütte. Es bietet sich aber auch die Möglichkeit, die Valluga (2809 m) zu überschreiten und dann auf einem spärlich ausgeschildertem Weg über das Valfagehrjoch zur Ulmer Hütte zu gelangen. Von der Hütte geht es über Bergwiesen hinab bis zur Arlbergpassstraße, auf der man nach gut hundert Metern zum Arlbergpass (1793 m) gelangt. Knapp hundert Meter hinter dem Kiosk startet ein etwas versteckter Fußweg. Auf diesem gelangt man zum Paul-Bantlin-Weg, dieser führt vorbei am Albonasee und einigen Hochmooren mit grandioser Aussicht hinauf zur Kaltenberghütte (2089 m). Auch hier empfiehlt es sich wieder, vorab einen Platz auf der Hütte zu reservieren.

An heißen Sommertagen liefert ein Bergsee in der Nähe der Kaltenberghütte eine willkommene Abkühlung.

Die Kaltenberghütte in absoluter Traumlage verspricht eindrucksvolle Ausblicke auf die umliegende Bergwelt – besonders bei Sonnenuntergang.

Ein namensgebender Pass

Der Arlberg hat für Vorarlberg große Bedeutung. Immerhin gibt dieser Gebirgsstock dem Land seinen Namen. Das ist aber nicht alles. Während zur Zeit der Römer und im Mittelalter vor allem die Handelsrouten von Norden nach Süden, also entlang des Rheins, wichtig waren, entwickelte sich ab dem Spätmittelalter auch der Handel nach Osten, nachdem die Habsburger ihre ersten Gebiete in Vorarlberg erworben hatten.

Die Habsburger sind ein Adelsgeschlecht aus dem Schweizer Kanton Aargau, das von 1282 bis 1918 Österreich beherrschte. Große Teile Vorarlbergs fielen früh an die Habsburger: 1377 wurde als erstes Feldkirch erworben, Bludenz, das Montafon und der Bregenzerwald kurz danach.

Archäologische Funde und die Tatsache, dass in der Bronzezeit im Bereich um Hallstatt Salz, im Montafon dagegen der Abbau von Erzen übermittelt ist, lassen darauf schließen, dass es bereits in frühester Zeit auch einen West-Ost-Handel über den Arlberg gegeben haben könnte. Auch die Kelten dürften die Route genutzt haben.

Erstmals überliefert ist der Name „Arlberg" 1218. Hier ist von einem Wald die Rede, der sich bis zum „Arl" erstreckt. 1485 bereits vom Perg Arls. Der Arlbergpass liegt auf 1793 Metern über dem Meer und ist damit niedriger als viele andere Pässe. Ab dem

Der Blick von der Valluga, dem höchsten Berg des Arlbergs, eröffnet ein beeindruckendes Panorama. Der Aufstieg lohnt sich.

14. Jahrhundert wird ein fahrbarer Weg über den Arlberg genannt. Dieser Weg bleibt aber nicht erhalten: Von 1450 bis zum Ende des 18. Jahrhunderts gibt es nur einen Saumpfad. Städte in Schwaben machten dabei auch Druck, dass hier keine Straße entstand.

12

1787 war es dann aber soweit – eine Passstraße wurde gebaut. 1880 bis 1884 entstand zudem ein zehn Kilometer langer Eisenbahntunnel durch das Arlbergmassiv.

Der 10 Kilometer lange Arlberg Bahntunnel wurde zwischen 1880 und 1884 errichtet und ist Teil der Arlbergbahn zwischen Innsbruck und Bludenz. Die Eröffnungsfahrt wurde am 20. September 1884 von Kaiser Franz Josef I. in einem Sonderzug vorgenommen.

Der Arlberg steckt auch im Namen Vorarlbergs. Es bezeichnet einen Gebirgsstock mit der Valluga als höchstem Gipfel. Der Name kommt möglicherweise von den „Arlen", also Latschen, die hier wachsen. Einen Berg mit Namen Arlberg gibt es aber nicht. Dass Vorarlberg vor und nicht hinter dem Arlberg liegt, hat übrigens damit zu tun, dass die Habsburger ursprünglich aus der Schweiz, genauer aus dem Kanton Aargau stammen. So gesehen liegt das Land vor dem Arlberg, was jeder Vorarlberger auch gerne bestätigen wird.

13 Von der Kaltenberghütte zur Konstanzer Hütte

• •

Schöne, anspruchsvolle Bergtour über Grasböden und Felsgelände, bei der in einem halben Tag knappe 900 Meter Aufstieg bewältigt werden.

ECKDATEN ZUR TOUR

AUSGANGSPUNKT	Kaltenberghütte
ANFAHRT	**Mit öffentlichen Verkehrsmitteln:** Vom Bahnhof Langen am Arlberg mit dem Bus 90 und 91. **Mit dem PKW:** Aus dem Westen: A14 Rheintal/Walgau Autobahn bis Bludenz, entlang der S16 Arlberg Schnellstraße, bei Klösterle Richtung Arlbergpass und Stuben. Aus dem Osten: A12 Inntal Autobahn, S16 Arlberg Schnellstraße bis St. Anton. Über die L197 und den Arlbergpass (alternativ über den Arlbergtunnel) bis Stuben am Arlberg. Am Ortseingang befindet sich ein großer, kostenfreier Parkplatz. Von Stuben ist die Kaltenberghütte zu Fuß in ca. 2 Std. 30 Min. erreichbar. (Seite 167)
GEHZEIT	6 Std. 30 Min.
WEGSTRECKE	9,4 km
WEGVERLAUF	Kaltenberghütte – Reutlinger Weg – Krachelspitze – Konstanzer Hütte
HÖHENUNTERSCHIED	Aufstieg: 890 m Abstieg: 1270 m Tiefster Punkt: 1670 m Höchster Punkt: 2686 m
SCHWIERIGKEIT	schwer
EINKEHRMÖGLICHKEITEN	keine Einkehrmöglichkeiten entlang des Weges
UNTERKÜNFTE	Konstanzer Hütte (Empfehlung: aufgrund der hohen Nachfrage auf Alpenvereinshütten früh genug reservieren)

HÖHENPROFIL

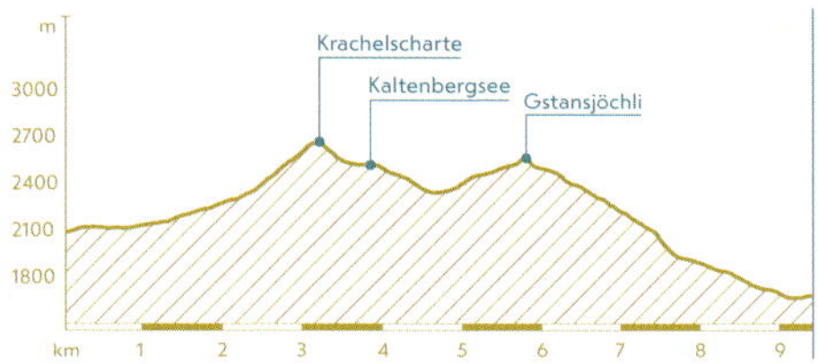

Über Alpwiesen, kantige Felsen und einen Elefanten

Eine anspruchsvolle Tour mit über sechs Stunden Gehzeit führt über die Landesgrenze Vorarlbergs nach Tirol.

Der Weg beginnt bei der Kaltenberghütte mit tollem Ausblick auf das Lechquellengebirge, das Klostertal und den Flexenpass. Nun folgt man dem Reutlinger Weg, einem alpinen Steig, durch das Krachel am „Elefant", einem Gletscherschliffbuckel, vorbei an der Krachelspitze (2686 m) – wer möchte, kann den Gipfel auch erklimmen (zusätzlich 10 Min.). Dann geht es am Kaltenbergsee vorbei bergab in eine Senke, wo mehrere kleine Bäche überquert werden. Von hier führt der Weg steil bergauf auf das Gstansjöchl (2573 m), das einen herrlichen Blick auf das Verwalltal bietet. Über Alpwiesen geht es nun hinunter zur Konstanzer Hütte (1688 m), die am Rand eines Hochmoors liegt.

Wer eine leichtere Variante bevorzugt, kann von der Kaltenberghütte via Berggeistweg zum Maroijöchle wandern. Dann über die Milchböden zur Maroi-Grundalpe und weiter bis zur Verwallhütte. Am Verwallsee vorbei nun auf einem Fahrweg zur Konstanzer Hütte.

• • WISSENSWERTES

Das Verwall – ein Natura-2000-Vogelparadies

Der westliche, in Vorarlberg liegende Teil des Verwall-Gebirgsstocks ist zu großen Teilen ein Natura-2000-Gebiet. Dieser Gebirgsstock ist der größte zusammenhängende Naturraum Vorarlbergs und die weitgehend intakte Hochgebirgslandschaft ist ein wichtiger Rückzugsort für viele Vogelarten. Die Einstufung als Natura-2000-Gebiet erfolgte letztlich wegen dieser Vogel-Vielfalt. Darunter einige spektakuläre Rekordhalter: Der Steinadler ist mit mehr als zwei Metern Flügelspannweite der größte heimische Greifvogel. Der weitaus kleinere Wanderfalke, der hier ebenfalls heimisch ist, ist mit bis zu 300 Kilometern pro Stunde Geschwindigkeit im Sturzflug das schnellste Tier der Erde. Mancherorts wird sogar von 400 Kilometern pro Stunde gesprochen. Weitere schützenswerte Vögel im Gebiet sind das Hasel-, Alpenschnee-, Birk- und Auerhuhn, der Uhu, der Sperlingskauz sowie der Schwarz- und Dreizehenspecht. Es lohnt sich jedenfalls, die Augen

In Vorarlberg gibt es etwa 25 Steinadler-Paare. Ein Paar nutzt dabei ein Revier von knapp 60 Quadratkilometern. Die Hauptbeute der Tiere sind die Murmeltiere aber auch Kitze von Gämsen oder sogar Steinböcken stehen am Speiseplan der mächtigen Greifvögel.

offen zu halten und ein kleiner Feldstecher im Gepäck ist hier besonders viel wert.

Der Status als Natura-2000-Gebiet bedeutet, dass hier mit Alp-, Wald- und Jagd-Eigentümern und Tourismus im Rahmen eines Mediationsverfahrens ein Managementplan für das Gebiet entworfen wurde, der konkrete Maßnahmen umfasst. So muss etwa bei Weideverbesserungsmaßnahmen auf den Alpen Rücksicht auf Brutzeiten genommen werden. In der Forstwirtschaft gibt es keine großflächigen Schlägerungen und es wurden Altholzinseln definiert, die erhalten bleiben.

In Altholzinseln ist der Anteil an sogenanntem Totholz deutlich höher als in bewirtschafteten Wäldern. Damit bilden sie einen wichtigen Lebensraum für zahlreiche Tiere, die auf unterschiedlichste Weise auf abgestorbenes Holz angewiesen sind.

Das Verwall ist eines von 39 Natura-2000-Gebieten in Vorarlberg, flächenmäßig nimmt dieses Gebiet aber mehr als die Hälfte ein. Auf „Min Weag" werden mehrere Natura-2000-Gebiete begangen: das Ifengebiet (Etappe 8, Seite 50), Alpmannstreu-Flächen im Gamperdonatal (Etappe 22, Seite 118), die Spirkenwälder im Saminatal (Etappe 25, Seite 132), das Fohramoos am Bödele (Etappe 29, Seite 150) und das Mehrerauer Seeufer (Etappe 31, Seite 160). In jedem Natura-2000-Gebiet gibt es eigens abgestimmte Maßnahmen zum Schutz von Flora und Fauna.

Der Kaltenbergsee und der Kaltenberg.

Schafe sind genügsame Tiere.

14 Von der Konstanzer Hütte zum Zeinisjoch

• •

Durch das herrliche Schönverwalltal zur Heilbronner Hütte und über das Verbellner Winterjöchli bis zum Stausee Kops führt diese fünfstündige, mittelschwere Etappe.

ECKDATEN ZUR TOUR

AUSGANGSPUNKT	Konstanzer Hütte
ANFAHRT	**Mit öffentlichen Verkehrsmitteln:** Mit dem Wanderbus 6 (von Juli bis Sept.) vom Bahnhof St. Anton am Arlberg bis „Verwall Salzhütte". **Mit dem PKW:** Aus dem Westen: A14 Rheintal/Walgau Autobahn bis Bludenz, über die L97 und L197 nach St. Anton. Aus dem Osten: A12 Inntal Autobahn, S16 Arlberg Schnellstraße bis zur Abzweigung Arlbergpass, auf der L197 weiter nach St. Anton. Ab St. Anton weiter auf der L197 zum Hotel Mooserkreuz, Zufahrt Teilstrecke bis Salzhütte auf der Verwallstraße (Achtung: zwischen 9:00 und 18:00 für PKW gesperrt). Es befindet sich ein Wanderparkplatz gegenüber vom Hotel Mooserkreuz am Beginn der Verwallstraße. Von der Salzhütte ist die Konstanzer Hütte in ca. 1 Std. 30 Min. erreichbar (Seite 167).
GEHZEIT	5 Std.
WEGSTRECKE	15,5 km
WEGVERLAUF	Konstanzer Hütte – Schönverwalltal – Heilbronner Hütte – Verbellaalpe – Zeinisjoch
HÖHENUNTERSCHIED	Aufstieg: 700 m Abstieg: 550 m Tiefster Punkt: 1670 m Höchster Punkt: 2320 m
SCHWIERIGKEIT	mittel
EINKEHRMÖGLICHKEITEN	Neue Heilbronner Hütte, Verbellaalpe
UNTERKÜNFTE	Alpengasthof Zeinisjoch, Pension Zeinissee, alternativ Neue Heilbronner Hütte

HÖHENPROFIL

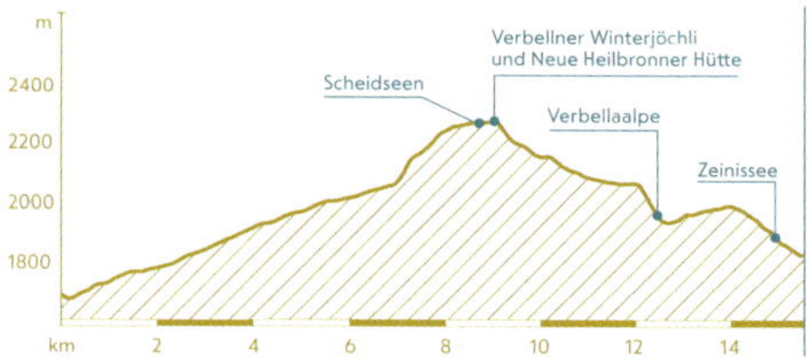

Fast zu schön um wahr zu sein: die Scheidseen und die Neue Heilbronner Hütte.

14

Bergauf und bergab durchs Schönverwalltal

Die Etappe 14 führt aus Tirol zurück nach Vorarlberg und gehört mit fünf Stunden zu den mittellangen und auch mittelschweren Abschnitten von „Min Weag".

Die Konstanzer Hütte liegt am Zusammenschluss von Pfluntal, Fasultal und Schönverwalltal. Durch Letzteres, das seinem Namen gerecht wird, geht die Wanderung auf einem Fahrweg entlang des Rosannabaches immer leicht ansteigend, bis auf über 2000 Metern ein kleiner Fußweg zur Neuen Heilbronner Hütte abzweigt. Nun geht es etwas steiler hinauf. Am Verbellner Winterjöchli wird die Landesgrenze zwischen Tirol und Vorarlberg überschritten. Am Jöchli liegen die wunderschönen Scheidseen und kurz danach die Neue Heilbronner Hütte (2320 m). Von hier geht es nun auf einem Fahr- und Fußweg leicht abwärts zur Verbellaalpe. Nun folgt nochmals ein kurzer und leichter Anstieg, dann geht es hinunter zum Zeinisjochhaus und dem Stausee Kops. Das Zeinisjoch markiert die Grenze zwischen Tirol und Vorarlberg und ist auch eine europäische Wasserscheide. Es war früher ein wichtiger Übergang zwischen den beiden Ländern – Spuren führen bis in die Römerzeit zurück. Es verlor im Laufe der Jahrhunderte gegenüber dem Arlberg an Bedeutung und wird heute fast nur mehr von Wanderern und Mountainbikern als Übergang genutzt.

Mit ihren schrillen Rufen machen die Murmeltiere Artgenossen auf mögliche Gefahren aufmerksam.

Der natürliche Zeinissee liegt etwas oberhalb des Stausee Kops.

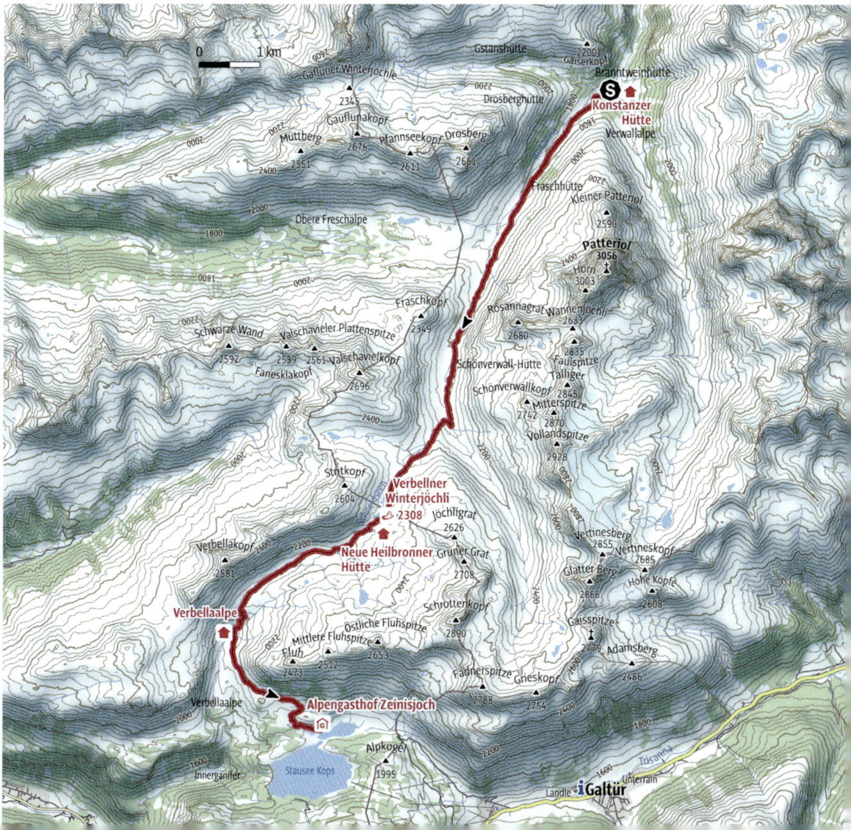

Eine Batterie für Europa

Die Silvretta hat für Vorarlberg eine große wirtschaftliche Bedeutung. Das hat weniger mit dem Tourismus zu tun, als vielmehr mit der Energieerzeugung aus Wasserkraft, für die die Bedingungen hier ideal sind. Dies hat zwei Gründe: Zum einen gibt es einen starken natürlichen Wasserzufluss und zum anderen ist das Gefälle hinunter ins Montafon sehr hoch – das ist für die Energiegewinnung ideal.

Der Tourismus ist in der Silvretta ein Kulturfolger auf die Wasserkraft. Durch die Kraftwerke entstanden Straßen und Infrastruktur, die heute von Touristen genutzt werden. Deshalb ist das Energieunternehmen illwerke vkw hier auch im Tourismus aktiv.

In Vorarlberg hat die Elektrifizierung im späten 19. Jahrhundert begonnen – vor allem die Textilindustrie trieb diese voran. Der Industrielle Friedrich Wilhelm Schindler gilt als Pionier: Er betrieb in seiner Villa in Kennelbach die ersten elektrischen Glühbirnen in der Donaumonarchie, erfand die vollelektrische Küche und war einer der Gründer der Vorarlberger Kraftwerke (VKW), des größten Vorarlberger Energieunternehmens.

In der Silvretta etablierte sich mit den Illwerken ein weiteres Unternehmen. Während andernorts die Elektrifizierung mit lokalen Kraftwerken vorangetrieben wurde, entstand die Idee eines Großausbaus der Wasserkraft im Bereich der unteren Ill.

Der Stausee Kops wurde in den 1960er-Jahren gebaut. Er nutzt nicht nur natürliche Zuflüsse, sondern auch Bäche, deren Wasser in den See gepumpt wird.

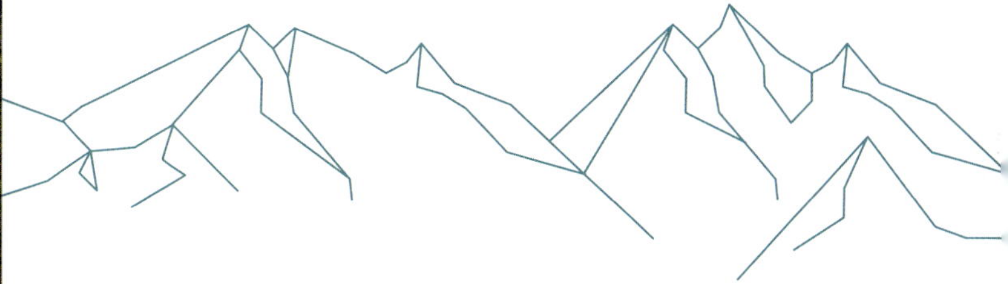

1922 wurde eine Zusammenarbeit des Landes mit deutschen Energieunternehmen beschlossen. 1925 erfolgte der Start für den Bau des Vermuntwerkes, des damals leistungsstärksten Kraftwerkes Österreichs.

Forciert wurde der Ausbau im NS-Regime. Dabei kam es zum Einsatz von Kriegsgefangenen und Zwangsarbeitern. Der Silvretta-Stausee auf der Bielerhöhe ist damit auch ein Mahnmal für alle, die hier unter unmenschlichen Bedingungen arbeiten mussten. Eine Kapelle erinnert heute an die verstorbenen Zwangsarbeiter.

Während des Zweiten Weltkriegs arbeiteten an die 20.000 Zwangsarbeiter aus rund 20 Ländern in Vorarlberg. Junge Frauen wurden in der Textilindustrie, in Hotels oder der Landwirtschaft eingesetzt, Männer beim Bau der Staudämme in der Silvretta.

Nach dem Krieg ging der Ausbau weiter: Der Lünersee erhielt eine Staumauer und wurde zum Pumpspeicherkraftwerk umgebaut. Auch der Kops-Speicher wird seit der Errichtung eines zweiten Kraftwerkes als Pumpspeicherkraftwerk betrieben, ebenso wie die Obervermuntwerke I und II. Das kostet viel Geld – die unterirdischen Kraftwerke Kops II bzw. Obervermunt II kosteten 300 bzw. 500 Millionen Euro.

Damit ist die Silvretta heute ein wichtiges Bindeglied der Energiewende geworden. Denn immer wenn Sonne und Wind viel Strom erzeugen, werden hier die Pumpen angeworfen und Wasser hinaufgepumpt. Sobald der Strombedarf die Produktion übersteigt, wird umgeschaltet und die Kraftwerke erzeugen Strom. Sie sind gigantische Batterien und gelten aktuell als der einzige Weg, um Energie in dieser Größenordnung wirtschaftlich zu speichern.

15 Vom Zeinisjoch zur Bielerhöhe

• •

Eine imposante Drei-Seen-Wanderung über sechs Stunden auf einem teils neu angelegten, technisch anspruchsvollen Wanderweg.

ECKDATEN ZUR TOUR

AUSGANGSPUNKT	Zeinisjoch, Partenen
ANFAHRT	**Mit öffentlichen Verkehrsmitteln:** Vom Bahnhof Bludenz mit der Montafonerbahn nach Schruns, von dort mit dem Bus 85 bis „Kops Gasthaus Zeinisjoch". **Mit dem PKW:** Aus dem Westen: A14 Rheintal/Walgau Autobahn, Ausfahrt Bludenz-Montafon, über die Silvretta Hochalpenstraße (Mautstraße) bis zur Mautstelle Galtür, dort gleich nach links, dem Straßenverlauf für weitere 5 km folgen. Aus dem Osten: A12 Inntal Autobahn bis Landeck, weiter über Ischgl nach Galtür, in Wirl auf die Zeinisjochstraße abbiegen und noch 5 km weiterfahren. Es befinden sich Parkplätze am Zeinisjoch und am Stausee Kops.
GEHZEIT	6 Std. 30 Min.
WEGSTRECKE	14,2 km
WEGVERLAUF	Zeinisjoch – Kops Stausee – Vallülasee (über Innere Alpe Kops) – (Breitspitze) – Bielerhöhe
HÖHENUNTERSCHIED	Aufstieg: 1000 m Abstieg: 770 m Tiefster Punkt: 1770 m Höchster Punkt: 2514 m
SCHWIERIGKEIT	schwer
EINKEHRMÖGLICHKEITEN	keine Einkehrmöglichkeiten entlang des Weges
UNTERKÜNFTE	Berggasthof Piz Buin, Silvretta-Haus, alternativ Madlener Haus (vom Silvretta-Haus ca. 10 Min. in Richtung Westen)

HÖHENPROFIL

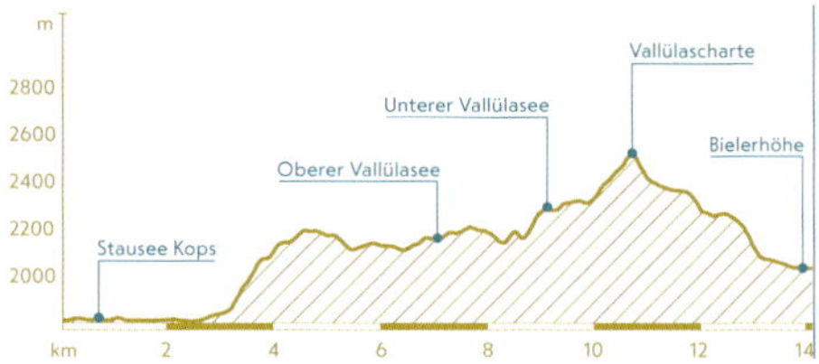

Der Silvretta-Stausee ist ein beliebtes Ausflugsziel. Nach der Ruhe in den Bergen wird es hier gerade an sonnigen Tagen wieder etwas belebter.

Wunderschöne Bergseen auf herausfordernder Höhenwanderung

Die Etappe 15 gehört mit sechs Stunden zu den längeren und ist teilweise recht anspruchsvoll. Für die Anstrengung wird man aber mit einer imposanten Landschaft und wunderschönen Bergseen belohnt. Was fehlt, sind Einkehrmöglichkeiten am Weg, man sollte auf dieser Wanderung also jedenfalls Proviant mitnehmen.

Auf dieser Etappe verlässt man das Verwall-Gebirge und kommt in der Silvretta an. Ausgehend vom Zeinisjochhaus geht es entlang des Stausees Kops und dann über die Staumauer zum revitalisierten Vallülaweg. Nach etwas mehr als vier Kilometern, wenn der erste Anstieg geschafft ist, hat man die Möglichkeit, zur Breitspitze (2196 m) aufzusteigen, das verlängert aber die ohnehin schon lange

Etappe um eine weitere gute halbe Stunde. Ab hier wird die Wanderung leicht wellig und führt durch ein Hochtal an den beiden Kleinoden, dem Oberen und Unteren Vallülasee, vorbei. Danach führt der Weg hinauf zur Vallülascharte (2514 m). Von hier erfolgt der Abstieg zur Bielerhöhe und zum Silvretta-Stausee. Hier stehen mehrere Übernachtungsmöglichkeiten zur Verfügung, unter anderem das Madlener Haus, das in Hemingways Kurzgeschichte „Schnee auf dem Kilimandscharo“ Eingang in die Weltliteratur gefunden hat.

15

• • WISSENSWERTES

Spiegel des Klimas – die Gletscher

„Akute Eisschlaggefahr am Piz Buin. Der Zu- und Abstieg zu Vorarlbergs höchstem Gipfel ist derzeit sehr riskant“, berichteten die Vorarlberger Nachrichten im September 2019. Der Rückgang der heimischen Gletscher macht ehemals sicheren Wanderrouten zu schaffen, denn wenn die Gletscher schmelzen, kann es zu Eisbrüchen kommen.

Es steht nicht gut um die Gletscher in Vorarlberg. Selbst zum letzten Höhepunkt der Gletscher, in der sogenannten Kleinen Eiszeit, bedeckten sie um 1850 nur 2,2 Prozent der Landesfläche, heute sind es nur noch 0,4 Prozent. Die Gletschermoränen von damals sind heute noch deutlich sichtbar und zeigen, wie viel gewaltiger die Gletscher damals waren. Einige Gletscher sind seit 1850 komplett verschwunden, viele stark auf dem Rückzug und es ist absehbar, dass nur die Gletscher in der Silvretta, in kleinerer Form, mittelfristig Bestand haben werden.

Gemessen wird das Volumen als Massenbilanz zwischen Zufluss (v.a. durch Niederschläge im Winter) und Verlust. Bei einer positiven Bilanz über mehrere Jahre wird der Gletscher größer, derzeit gibt es aber meist negative Bilanzen, Forscher sprechen von einem Gletscherschwund.

Schwankungen beim Gletschervolumen sind an und für sich nichts Ungewöhnliches, die Gletscher spiegeln immer das Klima wider. Vor der Kleinen Eiszeit waren viele Alpenpässe, die heute vergletschert sind, passierbar, was unter anderem die Einwanderung der Walser erleichterte und auch Handelswege zwischen Vorarlberg und dem Veltlin in der Lombardei ermöglichte. Diese Schwankungen sind etwa auf die Sonnenaktivität zurückzuführen. Aber die menschenverursachte Klimaveränderung führt zu einer weiteren Erwärmung, die sich jetzt im rasanten Rückzug der Gletscher zeigt. Gletscher bleiben erst dann konstant, wenn ihre Ausdehnung den aktuellen klimatischen Bedingungen entspricht und sie sich damit im Gleichgewicht befinden.

Der Alpenverein engagiert sich nicht nur als Betreiber von Schutzhütten, Erhalter von Wegen und Partner der Bergwanderer, sondern versteht sich auch als Umweltschutzverein. Der Gletscherbericht gehört in diesen Bereich und ist eine wichtige Forschungsgrundlage.

Günther Groß, der die Vorarlberger Gletscher alljährlich für den Alpenverein vermisst, betont aber, dass auch am letzten Höhepunkt der Warmzeit, um 5500 v. Chr., in Vorarlberg kleine Gletscher vorhanden waren. Sollten aber die Prognosen des Weltklimarates für einen weiteren stärkeren Temperaturanstieg eintreffen, könnte Vorarlberg langfristig auch gletscherfrei sein.

Mit 3312 Metern ist der Piz Buin der höchste Berg Vorarlbergs.

16 Von der Bielerhöhe auf die Saarbrücker Hütte

• •

Mittelschwere Halbtagestour vor atemberaubender Hochgebirgskulisse: teils flach über eine Hochfläche und teils steil zur höchstgelegenen Alpenvereinshütte in der Silvretta.

ECKDATEN ZUR TOUR

AUSGANGSPUNKT	Bielerhöhe, Partenen
ANFAHRT	**Mit öffentlichen Verkehrsmitteln:** Vom Bahnhof Bludenz mit der Montafonerbahn nach Schruns, von dort mit dem Bus 85 bis „Bielerhöhe Silvrettasee“. **Mit dem PKW:** Aus dem Westen: A14 Rheintal/Walgau Autobahn bis Bludenz-Montafon, über die L188 auf die Silvretta Hochalpenstraße (Mautstraße). Aus dem Osten: A12 Inntal Autobahn bis Landeck, weiter über Ischgl, Galtür und die Silvretta Hochalpenstraße (Mautstraße). Es befinden sich mehrere Parkmöglichkeiten auf der Bielerhöhe.
GEHZEIT	3 Std.
WEGSTRECKE	7,1 km
WEGVERLAUF	Bielerhöhe – Saarbrücker Hütte (über Tschifernella)
HÖHENUNTERSCHIED	Aufstieg: 630 m Abstieg: 150 m Tiefster Punkt: 1929 m Höchster Punkt: 2538 m
SCHWIERIGKEIT	mittel
EINKEHRMÖGLICHKEITEN	Restaurant Silvrettasee, Madlener Haus
UNTERKÜNFTE	Saarbrücker Hütte (Empfehlung: aufgrund der hohen Nachfrage auf Alpenvereinshütten früh genug reservieren)

HÖHENPROFIL

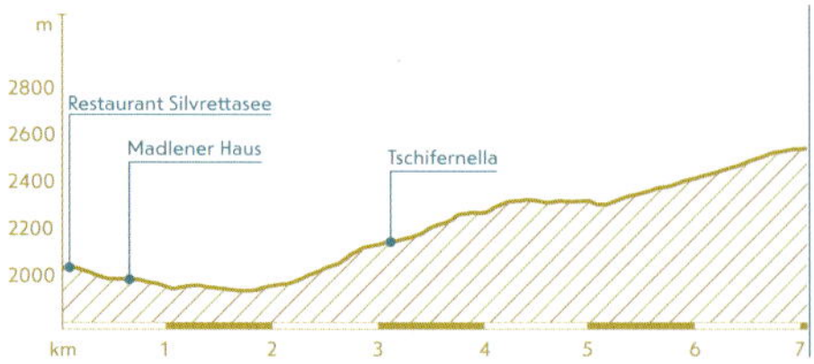

Umgeben von den grandiosen Bergen der Silvretta geht es erst leicht abwärts, dann aber bald hinauf zur Saarbrücker Hütte.

Hinauf zur höchsten Hütte der Silvretta

Diese Etappe ist zwar mit drei Stunden recht kurz, führt aber hoch hinauf. Das Ziel ist nämlich die Saarbrücker Hütte, die höchstgelegene Alpenvereinshütte der Silvretta. Sie liegt auf 2538 Metern Seehöhe. Die Wanderung fasziniert mit den schroffen Hochgebirgslandschaften, durch die der Anstieg erfolgt. Anfangs geht es aber erst einmal leicht bergab in die Hochgebirgsebene Tschifernella, wo einige kleine Bergseen passiert werden. Bei den Schwarzen Böden erreicht man ein altes Gletscherbett, ab hier führt der Weg nun steiler in einigen Serpentinen hinauf zur Saarbrücker Hütte. Diese liegt wie ein Adlerhorst auf einem Bergsporn des Kleinlitzners und so mancher Wanderer kann sich auf der Hütte gar nicht mehr von der einmaligen Kulisse der umliegenden Berge losreißen.

Bild oben: Im Tal sind der Vermuntstausee sowie die Serpentinen der Silvretta Hochalpenstraße zu erkennen.

Bild links: Blick hinunter zu den Schwarzen Böden mit einer Zollhütte.

Bild Seite 90: Die Saarbrücker Hütte liegt wie ein Adlerhorst am Kleinlitzner.

16

Hemingway und sein Montafon

Zwei Winter lang besuchte Ernest Hemingway das Montafon und verewigte das Tal in seinen literarischen Werken. Der Amerikaner war 1924/25 und 1925/26 ein kaum bekannter Journalist, der im Hotel Taube in Schruns abstieg. Er schrieb damals an „Fiesta", dem Roman, der Hemingway 1926 schlagartig berühmt machen sollte. Seine Erlebnisse im Montafon fanden Widerhall in seinen Werken, so etwa im „Gebirgsidyll" und vor allem in der Kurzgeschichte „Schnee auf dem Kilimandscharo".

Ernest Hemingway, geboren 1899, gestorben 1961, gilt als einer der wichtigsten Vertreter der amerikanischen Literatur des 20. Jahrhunderts. Hemingway war ein Abenteurer, das prägte auch seine Geschichten. Sein Schreibstil ist durch knappe Sätze charakterisiert.

Hemingway kam als Wintertourist ins Montafon, zu einer Zeit, in der Wintertourismus kaum existent war. Der Amerikaner war auf Skitouren im Gauertal, in dem die Lindauer Hütte (Etappe 20, Seite 108) liegt, ebenso unterwegs wie in der Silvretta. Bei den Skitouren war übrigens ein weiterer bedeutender amerikanischer Schriftsteller, John Dos Passos, dabei.

Im Winter ist die Silvretta ein Skitouren-Paradies. Mehrere Hütten werden im Winter bewirtschaftet, und Tagesgäste werden via Tunneltaxi durch Stollen auf die Silvretta gefahren, da die Hochalpenstraße im Winter wegen Lawinengefahr gesperrt ist.

Zudem war er im Tal auf der Jagd und spielte illegalerweise mit den Einheimischen Poker um Geld. Wie er aber im autobiographischen und erst nach seinem Tod erschienenen „Paris – Ein Fest fürs Leben" verriet, war auch der Gendarmeriehauptmann von Schruns Teil dieser Kartenspielerrunde. Das Montafon hat auch das Liebes-

Im Aufstieg zur Saarbrücker Hütte kann man beim Blick Richtung Bielerhöhe gut erkennen, wie das Gelände für den Bau der Staumauer genutzt wurde.

Hemingway (zweiter von links) war ein begeisterter Skitourengeher.

leben von Hemingway beeinflusst. Hier kam er Pauline Pfeiffer näher, seiner späteren zweiten Frau: Diese war im zweiten Winter nach Schruns gereist, wo Hemingway gerade mit seiner damaligen Ehefrau Hadley Richardson und seinem Sohn Jack logierte. Eine Dreiecksbeziehung entsponn sich, am Ende entschied sich Hemingway für die Neue: Gegen Ende seines Lebens blickte er darauf bitter zurück.

Pauline Pfeiffer (1895 bis 1951) war eine amerikanische Journalistin. Sie heiratete Hemingway 1927 und hatte mit ihm zwei Kinder. 1940 kam es zur Scheidung, nachdem Hemingway im spanischen Bürgerkrieg 1937 seine zukünftige Ehefrau Nummer 3, Martha Gellhorn, kennengelernt hatte.

Für das Montafon waren die beiden Winter, die Hemingway dort verbracht hat, unbezahlbar. In seinen Werken schwärmt der spätere Nobelpreisträger immer wieder vom Schnee, von seinen Touren und vom Trinken und Kartenspielen mit den Einheimischen: Darauf ist man heute sichtlich stolz.

Hemingway ist der berühmteste Literat, der Vorarlberg als Gast besucht und geschätzt hat, aber bei weitem nicht der einzige. In Feldkirch, schreibt etwa der große James Joyce, habe sich das Schicksal des Ulysses entschieden. 1915 war Joyce auf dem Weg nach Zürich an der Grenze kontrolliert worden, eine Verhaftung drohte. In den darauffolgenden Jahren schrieb Joyce, der Feldkirch gerne besuchte, in Zürich „Ulysses", das Werk, das ihn unsterblich machte. Sherlock-Holmes-Erfinder Arthur Conan Doyle besuchte sogar die Stella Matutina in Feldkirch. Die ehemalige Jesuiten-Schule spielt auch in Thomas Manns „Zauberberg" eine Rolle.

In Ulysses beschreibt James Joyce den 16. Juni 1904 im Leben des Leopold Bloom (Bloomsday). Durch die literarische Technik des „Bewusstseinsstroms" („stream of consciousness") erlebt der Leser nicht nur die äußeren Erlebnisse, sondern auch die Gedanken von Bloom, der durch Dublin irrt.

17 Von der Saarbrücker Hütte zur Tübinger Hütte

• •

Hochalpin vor mächtigen Gipfeln geht die mittelschwere Halbtagestour hinauf zum Hochmadererjoch und leicht bergab bis zur Tübinger Hütte.

ECKDATEN ZUR TOUR

AUSGANGSPUNKT	Saarbrücker Hütte
ANFAHRT	**Mit öffentlichen Verkehrsmitteln:** Vom Bahnhof Bludenz mit der Montafonerbahn nach Schruns, von dort mit dem Bus 85 bis „Partenen Saarbrücker Hütte" (Vermuntstausee). **Mit dem PKW:** Aus dem Westen: A14 Rheintal/Walgau Autobahn bis Bludenz-Montafon, über die Silvretta Hochalpenstraße (Mautstraße) bis zum Vermuntstausee. Aus dem Osten: A12 Inntal Autobahn bis Landeck, weiter über Ischgl, Galtür und die Silvretta Hochalpenstraße (Mautstraße) bis zum Vermuntstausee, dort gibt es eine Parkmöglichkeit. Vom Vermuntstausee aus geht es zu Fuß in ca. 3 Std. auf die Saarbrücker Hütte (Seite 167).
GEHZEIT	4 Std. 30 Min.
WEGSTRECKE	10,5 km
WEGVERLAUF	Saarbrücker Hütte – Vermuntstausee – Hochmadererjoch – Tübinger Hütte
HÖHENUNTERSCHIED	Aufstieg: 670 m Abstieg: 1050 m Tiefster Punkt: 1902 m Höchster Punkt: 2538 m
SCHWIERIGKEIT	mittel
EINKEHRMÖGLICHKEITEN	keine Einkehrmöglichkeiten entlang des Weges
UNTERKÜNFTE	Tübinger Hütte (Empfehlung: aufgrund der hohen Nachfrage auf Alpenvereinshütten früh genug reservieren)

HÖHENPROFIL

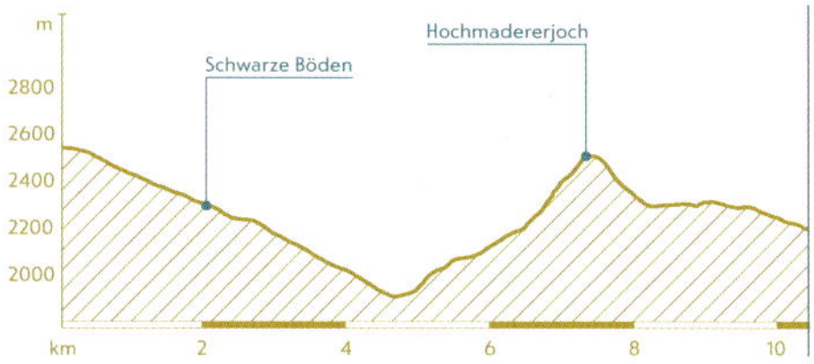

Auf der Etappe 17 geht es erst einmal fast bis zum Vermuntstausee hinunter.

Hochgebirgstour auf den Spuren verschwundener Gletscher

Eine mittelschwere Halbtagestour im hochalpinen Gelände steht auf dem Programm. Mit dem Großen Seehorn und dem Großlitzner im Rücken steigt man von der Saarbrücker Hütte über den Fahrweg oder über den kürzeren Fußweg ab. Die Wanderung führt über ein altes Gletscherbett, die Schwarzen Böden, bis der Vermuntstausee vor dem Wanderer liegt. Hier muss man bei einer etwas schwer auffindbaren Abzweigung über grüne Wiesen zum Hochmadererjoch (2505 m) aufsteigen. Erfahrene Bergsteiger mit Klettererfahrung könnten hier noch den unmarkierten Gipfelsteig zum Hochmaderer bezwingen (eine Stunde, Kletterstellen bis Schwierigkeitsgrad I). Alle anderen gehen vom Joch leicht absteigend durch das Gatschettatäli und dann über ein Blockfeld in steilem Gelände zur Tübinger Hütte, die auf 2191 Meter liegt.

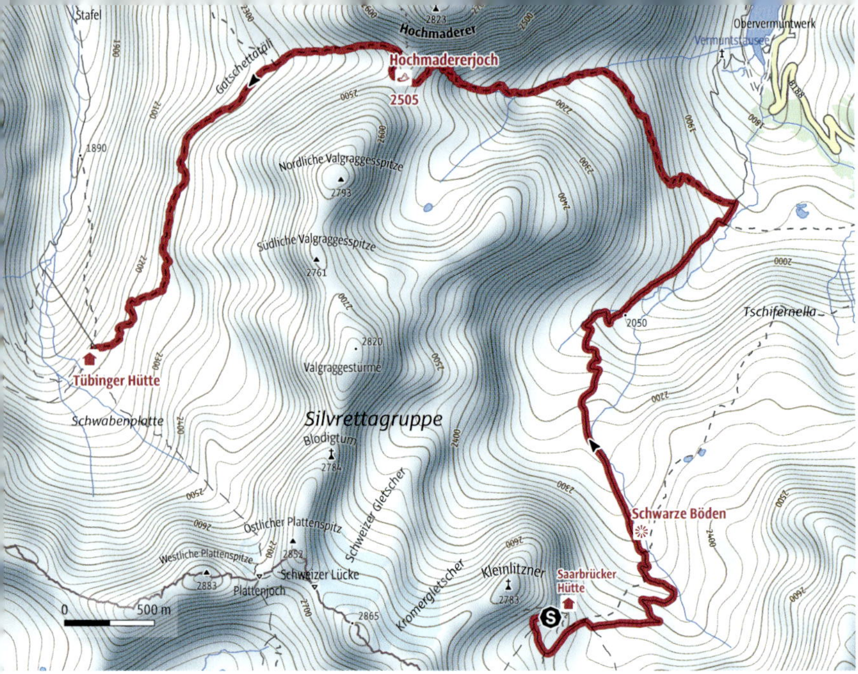

• • WISSENSWERTES

Der Alpenverein und seine Schutzhütten

Die Alpen sind heute mit einem Netz an Hütten überzogen, in Vorarlberg sind das meist Alpenvereinshütten. 1862 wird der Österreichische Alpenverein gegründet, 1869 der Deutsche – schon 1873 fusionieren die beiden, die Sitzung dazu fand in Bludenz statt. Angetrieben wurde der Zusammenschluss unter anderem von John Sholto Douglass, einem Vorarlberger Bergpionier. Vorrangiges Ziel des Alpenvereins war damals die Erschließung der Berge durch den Bau von Schutzhütten und Wegen.

Der Alpenverein ist in viele Sektionen geteilt, die meist regional zusammengesetzt sind: Bis zum ersten Weltkrieg hatten sich an die 400 Sektionen gebildet, 1914 waren 319 Hütten und 8500 Betten und Lagerstätten im Besitz des Alpenvereins. In der Zwischenkriegszeit rückte der Alpenverein stark nach rechts: Antisemitismus war auf den Hütten weit verbreitet. Auch die Kluft zu den sozialistischen Naturfreunden, die in Vorarlberg nur wenige Hütten besaßen, vertiefte sich. 1945 wurde der Österreichische Alpenverein wiederbegründet, 1952 der Deutsche Alpenverein. Der ÖAV hat heute über 500.000 Mitglieder in 196 Sektionen und betreut 230 Hütten und 26.000 Kilometer Wanderwege. Der DAV hat

Der Alpenverein bietet seinen Mitgliedern viel Service: so gehört ein Versicherungsschutz (inklusive Bergekosten) ebenso dazu wie Ermäßigungen auf den Hütten des Vereins.

Die Saarbrücker Hütte wird von der DAV-Sektion Saarbrücken betrieben.

über 1,2 Millionen Mitglieder in 356 Sektionen, die 321 Hütten (knapp 250 in den Alpen) betreiben.

In Vorarlberg gibt es viele Schutzhütten des DAV – das zeigt meist der Name, der auf die Sektion hinweist: Die Lindauer Hütte gehört also der Sektion Lindau, die Stuttgarter Hütte der Sektion Schwaben, um zwei Beispiele zu nennen. Die Hütten des ÖAV in Vorarlberg wurden hingegen nach Pionieren (Douglass-Hütte), Funktionären (Heinrich-Hueter-Hütte) oder dem Standort (Tilisunahütte) benannt.

Mit Kleinkläranlagen wird auf den Schutzhütten biologischer Abfall aufbereitet. Dabei unterliegen die Hütten strengen Kontrollen. Ein wichtiger Ansatz ist die Abfallvermeidung, was beispielsweise mit wassersparenden Armaturen erreicht wird.

Früher waren Alpenvereinshütten einfach, es gab fast nur Lagerplätze und die Abfälle wurden vor Ort entsorgt. Heute hat sich das verändert. Die Wanderer schätzen Komfort und so gibt es auf den meisten Hütten auch kleinere, komfortablere Zimmer. Abfälle, Abwässer und Fäkalien müssen heute via Kläranlagen entsorgt werden: Die Bergwelt ist sensibel und störungsanfällig. Die Versorgung der Hütten, früher mit Tragarbeit verbunden, übernehmen heute oft Materialseilbahnen und – wo diese nicht hinreichen – Hubschrauber. Trotzdem bemüht man sich bei den meisten Hütten, den ursprünglichen Charme zumindest teilweise zu erhalten – Hotels wollen die Schutzhütten nicht werden.

18 Von der Tübinger Hütte nach Gargellen

• •

Schöne Hochwanderung über zwei Joche und durch das ursprüngliche Vergaldental nach Gargellen.

ECKDATEN ZUR TOUR

AUSGANGSPUNKT	Tübinger Hütte
ANFAHRT	**Mit öffentlichen Verkehrsmitteln:** Vom Bahnhof Bludenz mit der Montafonerbahn nach Schruns, von dort mit dem Bus 85 bis „Versettla Bahn" in Gaschurn. **Mit dem PKW:** A14 Rheintal/Walgau Autobahn bis Bludenz-Montafon, der L188 bis zur Versettla Bahn in Gaschurn folgen. Bei der Talstation befinden sich Parkplätze. Von der Versettla Bahn geht es zu Fuß in ca. 4 Std. 30 Min. auf die Tübinger Hütte (Seite 167).
GEHZEIT	5 Std.
WEGSTRECKE	12,1 km
WEGVERLAUF	Tübinger Hütte – Vergaldner Joch – Vergaldaalpe – Gargellen Ortsmitte
HÖHENUNTERSCHIED	Aufstieg: 320 m Abstieg: 1100 m Tiefster Punkt: 1409 m Höchster Punkt: 2515 m
SCHWIERIGKEIT	mittel
EINKEHRMÖGLICHKEITEN	Vergaldaalpe
UNTERKÜNFTE	in Gargellen

HÖHENPROFIL

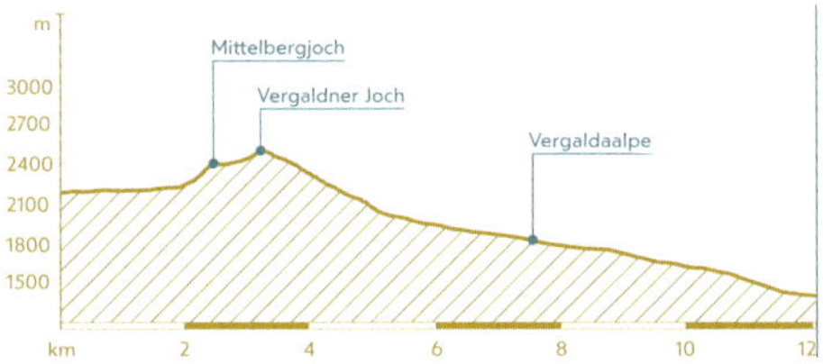

Die Wanderung durch das wildromantische Vergaldental lockt mit einer wunderbaren Landschaft und ist leicht zu bewältigen.

Über Joche und durch ein romantisches Tal nach Gargellen

Die Etappe nach Gargellen ist technisch einfach und mittellang, sie bietet aber viel Abwechslung in einer beeindruckenden Landschaft. Von der Tübinger Hütte wandert man erst flach über eindrucksvolle Blockfelder vorbei an einer alten Hütte der Zollwache und dann aufsteigend zum Mittelbergjoch (2415 m) hinauf. Jetzt wird ein Hochkessel durchquert und der Weg steigt zum Vergaldner Joch (2515 m) an. Von dort führt die Wanderung durch das romantische Vergaldental, am Talgrund wird eine Hirtenhütte und eine weitere Zollhütte passiert. Ab jetzt geht es stets leicht und gemütlich abwärts, vorbei an der unterhalb der Heimspitze gelegenen Vergaldaalpe (bewirtschaftet). Weiter geht es dem Vergaldabach entlang bis ins Bergdorf Gargellen. Nach einigen Tagen auf Schutzhütten gibt es erstmals wieder etwas Abwechslung vom Hüttenleben.

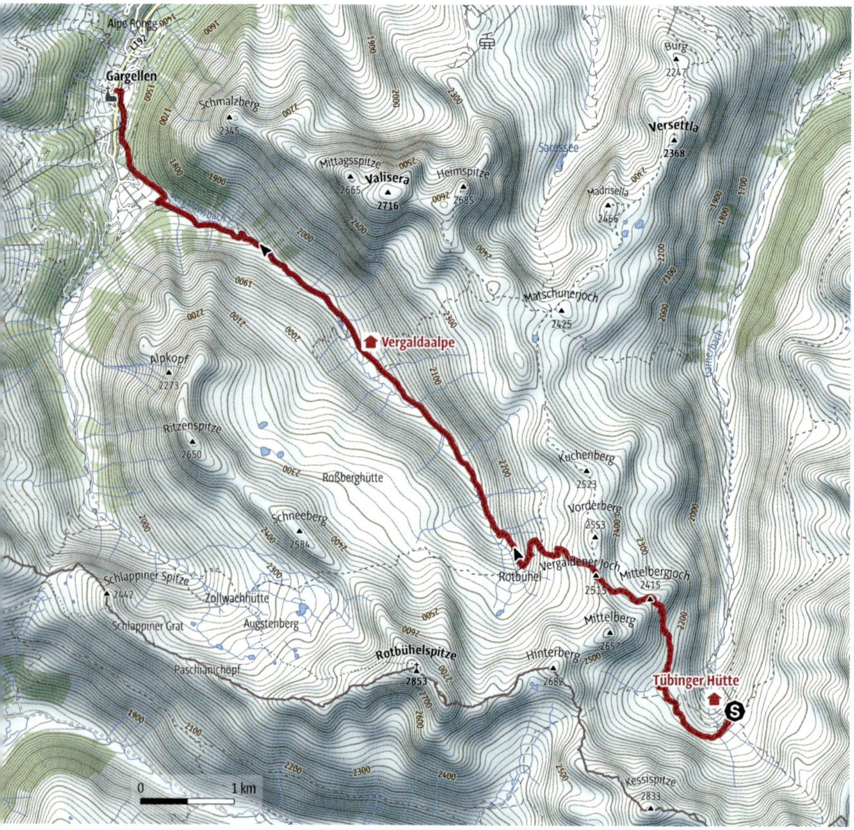

Das Schmuggeln über Bergpässe hatte im Montafon Tradition.

• • WISSENSWERTES

Schmuggler und Menschenretter
Vorarlberg als Grenzregion ist auch ein Land der Schmuggler. Bis in moderne Zeiten war es eine Art Volkssport, beim Einkaufen in der Schweiz „ein bisschen mehr als erlaubt" zu kaufen, um sich dann an der Ersparnis zu erfreuen. Aber früher war das Schmuggeln auch ein wichtiger Zuerwerbs-Zweig, der vor allem entlang des Rheins und an der Südgrenze zur Schweiz, dem Rätikon, betrieben wurde. In Gargellen erinnert heute der Tourismus an diese Geschichte, es gibt eine Schmugglerbar, einen Schmugglerpfad, ein Schmugglerland und auch einen Schmuggler-Klettersteig. Schmuggeln war aber keine romantische Angelegenheit. Mit schweren Rucksäcken beladen, machten sich die Schmuggler bei Nacht und Nebel über ausgesetzte Bergpfade auf den Weg und setzten sich dabei dem Risiko eines Absturzes oder auch des Erwischtwerdens aus. Aufgegriffene Schmuggler verloren die Ware, ein erheblicher wirtschaftlicher Verlust, und es drohten Gefängnisstrafen. Geschmuggelt wurden vor allem Kaffee, Mehl, Salz, Tabak, Zucker und Saccharin: Waren, die man im Montafon nur schwer oder teuer bekommen konnte.

Das Schmugglerland in Gargellen richtet sich an Familien. In vielen Erlebnisstationen können hier Kinder die Bergwelt erleben und entdecken. Dazu gehören auch Tiere wie Ziegen und Schafe, die gerne gestreichelt werden dürfen.

18

Während der Zeit des NS-Regimes setzten die Schmuggler ihr Wissen über versteckte Pfade über die Pässe ein, um Menschenleben zu retten. Die Nazis hatten damals die Grenzkontrollen verstärkt. 19 Höhenstützpunkte und 22 Postenhütten wurden errichtet – die alten Zollhäuser sind heute noch sichtbar. Über 700 Zollbeamte und mehr als 3000 Reservisten waren im Einsatz. Für die Flüchtenden und ihre Helfer ein gefährliches Katz-und-Maus-Spiel.

Einer der bekanntesten Fluchthelfer war Meinrad Juen, ein erfahrener Schmuggler. 42 Juden soll er über die Grenze in die Schweiz gebracht haben. Juen flog 1942 auf – ein Brief wurde abgefangen, in dem Juen als Fluchthelfer empfohlen wird. Kurz nach der Festnahme gelang Juen die Flucht, er tauchte mitten in St. Gallenkirch unter und wurde von der Bevölkerung gedeckt, weil er illegal für den Eigenverbrauch der Bauern Vieh schlachtete.

Die Geschichte von Meinrad Juen und anderen Schmugglern wird in Gargellen im Rahmen einer geführten Wanderung, die als interaktives Theaterstück konzipiert ist, nachdrücklich erlebbar gemacht. Durchgeführt wird diese vom teatro caprile, begleitet von Friedrich Juen, einem Nachkommen.

Die Zollhütten erinnern an an die Gefahr, der sich die Schmuggler aussetzten.

Der sichere Grenzübertritt war für die jüdischen Flüchtlinge nicht zwangsläufig die Rettung. Die Schweiz hatte sich abgeschottet, auch und insbesondere für Juden. Ab 1942 galten Juden nicht mehr als politische Flüchtlinge. Geschätzte 24.000 Juden wurden zwischen 1940 und 1945 an der Grenze abgewiesen und damit einem schrecklichen Schicksal überlassen.

19 Von Gargellen auf die Tilisunahütte

• •

Eine konditionell und technisch anspruchsvolle Hochwanderung durch eine stille Gegend und über drei Pässe bis zur Tilisunahütte.

ECKDATEN ZUR TOUR

AUSGANGSPUNKT	Gargellen
ANFAHRT	**Mit öffentlichen Verkehrsmitteln:** Vom Bahnhof Bludenz mit der Montafonerbahn nach Schruns, von dort mit dem Bus 87 bis nach Gargellen. **Mit dem PKW:** A14 Rheintal/Walgau Autobahn bis Bludenz-Montafon, über die L188 und L192 nach Gargellen. Bei der Talstation der Bergbahnen Gargellen befinden sich kostenlose Parkplätze.
GEHZEIT	4 Std. 45 Min.
WEGSTRECKE	10,0 km
WEGVERLAUF	Gargellen – Alpe Rongg über Wasserfall – Untere und Obere Röbialpe – Sarotlajoch – Plasseggenpass – Grubenpass – Tilisunahütte
HÖHENUNTERSCHIED	Aufstieg: 1100 m Abstieg: 300 m Tiefster Punkt: 1405 m Höchster Punkt: 2389 m
SCHWIERIGKEIT	schwer
EINKEHRMÖGLICHKEITEN	Alpe Rongg
UNTERKÜNFTE	Tilisunahütte (Empfehlung: aufgrund der hohen Nachfrage auf Alpenvereinshütten früh genug reservieren)

HÖHENPROFIL

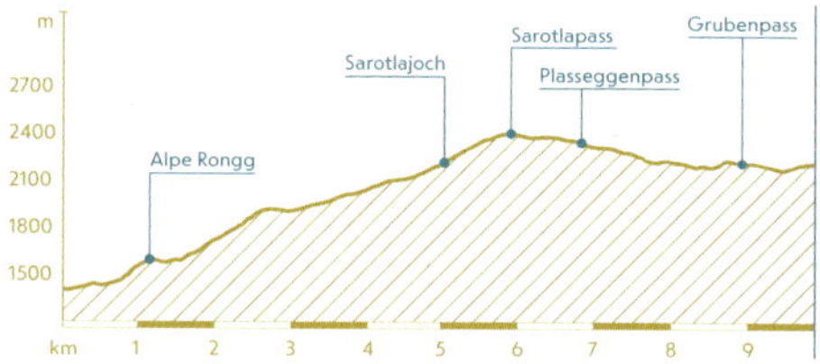

Der Tilisunasee unterhalb der Tilisunahütte.

19

Grenzüberschreitungen am Weg zur Tilisunahütte
Die schwierige Halbtagesetappe von Gargellen auf die Tilisunahütte überschreitet gleich zwei Grenzen. Zum einen führt ein Teil des Wegs über Schweizer Gebiet, zum anderen verlässt man mit dieser Etappe geologisch die kristallinen Zentralalpen und kommt in den zu den Nördlichen Kalkalpen gehörenden Rätikon-Gebirgszug.

Von Gargellen aus wandert man am Ronggwasserfall vorbei über die Alpe Rongg und das Röbimaisäß zur Röbialpe. Es folgt eine lange Querung durch teilweise schwieriges Gelände steil hinauf zum Sarotlapass (2389 m). Nun auf Schweizer Gebiet zum Plasseggenpass (2354 m). Jetzt verläuft der Weg genau auf der Grenze zwischen Kristallingestein und dem schneeweißen Sulzfluhkalk, ehe es kurz und steil zum Grubenpass (2226 m) hinaufgeht. Von dort dann abwärts über grüne Alpwiesen zur Tilisunahütte (2211 m).

• • WISSENSWERTES

Rätoromanische Spuren in Vorarlberg

Barga (Heuhütte), bischa (stürmen), spudera (spucken) oder Marend (die Jause um 16 Uhr) – im Vorarlberger und vor allem im Montafoner Dialekt haben viele Wörter als sogenannte „Relikte" überlebt, die daran erinnern, dass im Süden Vorarlbergs bis etwa 1300 Rätoromanisch gesprochen wurde. Aber auch danach wurde die Sprache noch vereinzelt verwendet, die Germanisierung der Sprache wurde im Montafon vermutlich erst Mitte des 16. Jahrhunderts abgeschlossen. Im Dialekt blieb vieles bestehen: Das „deutsche" Schruns heißt im Dialekt „Schru", auch bei Tschagguns hat mit „Tschaggu" eine rätoromanische Aussprache überlebt. Auch in vielen Flurnamen hat die Sprache bis heute überlebt. So etwa Stafel oder Staffel, das für das Viehgatter bei einer Alphütte steht, Gamp, das vom ebenen Platz bei einer Alphütte stammt. Aber auch Gargellen (Gurges Ella, kleiner Strudel), Verwall (von Val Bella, schönes Tal) oder Furk(l)a. Dass in

Das Montafon ist ein 39 Kilometer langes Tal am Oberlauf der Ill, in dem über 15.000 Menschen leben. Früheste Spuren einer Besiedelung gab es bereits vor über 5000 Jahren. Historisch spielte der Bergbau eine wichtige Rolle im Tal, heute dominiert der Tourismus.

Dieser Sitzplatz oberhalb der Alpe Röbi lädt zu einer Pause ein.

19

Vorarlberg der Begriff Alpe verwendet wird, nicht Alm, könnte auch damit zu tun haben. Alpis steht für hohes Weidegebiet oder auch einfach Berg.

Neben dem Bündnerromanischen, wie es heute noch im Schweizer Kanton Graubünden gesprochen wird, gehören auch Dolomitenladinisch und Friaulisch zur Rätoromanischen Sprache. Ob es hier eine wirkliche Einheit gibt, ist aber umstritten.

Rätoromanisch ist eine Sprache, die sich nach der Eroberung Rätiens durch die Römer aus einer Mischung der Sprache der Urbevölkerung mit dem Vulgärlatein entwickelt hat. Etwa 70.000 Menschen im Schweizer Kanton Graubünden sprechen heute noch Rätoromanisch – darunter auch in den Gebieten südlich der Silvretta und des östlichen Endes des Rätikon-Stocks.

Die Besonderheit der rätoromanischen Spuren im Süden Vorarlbergs hat auch die UNESCO erkannt: 2011 wurden die Vorarlberger Flurnamen in das Immaterielle Kulturerbe aufgenommen, 2017 auch der Montafoner Dialekt mit seinen rund 200 Reliktwörtern aus dem Rätoromanischen.

20 Von der Tilisunahütte zur Lindauer Hütte

• •

Kurze, aber attraktive Hochwanderung von der Tilisunahütte bis zur Lindauer Hütte am Fuße der Drei Türme.

ECKDATEN ZUR TOUR

AUSGANGSPUNKT	Tilisunahütte
ANFAHRT	**Mit öffentlichen Verkehrsmitteln:** Vom Bahnhof Bludenz mit der Montafonerbahn nach Tschagguns, anschließend mit dem Ortsbus 1 bis nach „Latschau Kraftwerk". Von dort aus geht es zu Fuß in ca. 4 Std. 30 Min. auf die Tilisunahütte. **Mit dem PKW:** A14 Rheintal/Walgau Autobahn bis Bludenz-Montafon, über die L188 nach Tschagguns, über die Latschaustraße, Ziegerbergstraße und den Grabsweg zum Berggasthof Grabs, wo es eine Parkmöglichkeit gibt. Von dort aus geht es zu Fuß in ca. 3 Std. zur Tilisunahütte (Seite 167).
GEHZEIT	2 Std. 30 Min.
WEGSTRECKE	4,6 km
WEGVERLAUF	Tilisunahütte – Schwarze Scharte – Bilkengrat – Lindauer Hütte
HÖHENUNTERSCHIED	Aufstieg: 210 m Abstieg: 680 m Tiefster Punkt: 1667 m Höchster Punkt: 2338 m
SCHWIERIGKEIT	mittel
EINKEHRMÖGLICHKEITEN	keine Einkehrmöglichkeiten entlang des Weges
UNTERKÜNFTE	Lindauer Hütte (Empfehlung: aufgrund der hohen Nachfrage auf Alpenvereinshütten früh genug reservieren)

HÖHENPROFIL

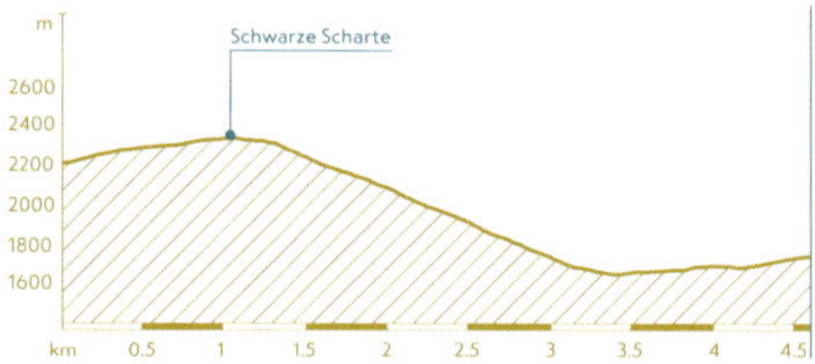

Die Lindauer Hütte ist im Sommer und auch im Winter ein sehr beliebtes Ausflugsziel.

20

Eine kurze Wanderung unter imposanten Felszacken

Mit fantastischem Blick auf die schroffen Drei Türme und die Sulzfluh führt diese kurze, aber landschaftlich großartige Wanderung von der Tilisunahütte 200 Höhenmeter hinauf über die Schwarze Scharte (2338 m). Danach wird steiles Gelände gequert, hier sollte man gerade bei feuchten Verhältnissen besondere Vorsicht walten lassen. Über den Bilkengrat geht es im Zickzack bis zum Fuß der Sulzfluh. Im Anschluss führt der Weg durch den Porzalengawald zur Lindauer Hütte (1744 m), die nach etwas über zwei Stunden erreicht wird.

Wer eine zusätzliche lohnende Herausforderung sucht, der kann vor der Etappe über einen nicht besonders schwierigen Steig die Sulzfluh (2818 m) in knapp drei Stunden besteigen. Besonders reizvoll ist hier der Übergang von den grasigen Alpwiesen auf den weißen Kalk der Sulzfluh. Wer sich für alpine Pflanzen interessiert, der findet bei der Lindauer Hütte einen kleinen Alpenlehrgarten.

Panoramablick von der Schwarzen Scharte.

• • WISSENSWERTES

Sura Kees – eine Montafoner Spezialität

Im Montafon gibt es schon seit hunderten Jahren eine ganz besondere Käsespezialität: den „Sura Kees" – einen fettarmen (aus nur ca. ein bis maximal zehn Prozent Fett bestehenden) Sauerkäse, der als Nebenprodukt bei der Butterproduktion auf den Alpen anfällt.

Die Tradition der Sauerkäse-Produktion hat sich nicht nur im Montafon, sondern auch über dessen Grenze hinaus bewahrt: im Fürstentum Liechtenstein, in Werdenberg (Kanton St. Gallen) und dem Obertoggenburg (Bloderkäse).

Es ist eine sehr traditionelle Käseart, die seit dem 12. Jahrhundert im Montafon urkundlich belegt ist. Früher wurde diese Art des Käses im ganzen Land erzeugt, mit dem Aufkommen von besser transportierbaren Hart- und Labkäsen ging sie außerhalb des Montafons komplett verloren. Bis in die 1990er-Jahre ging die Produktion des Sura Kees immer weiter zurück – erst eine Rückbesinnung auf traditionelle und regionale Produkte verhalfen ihm

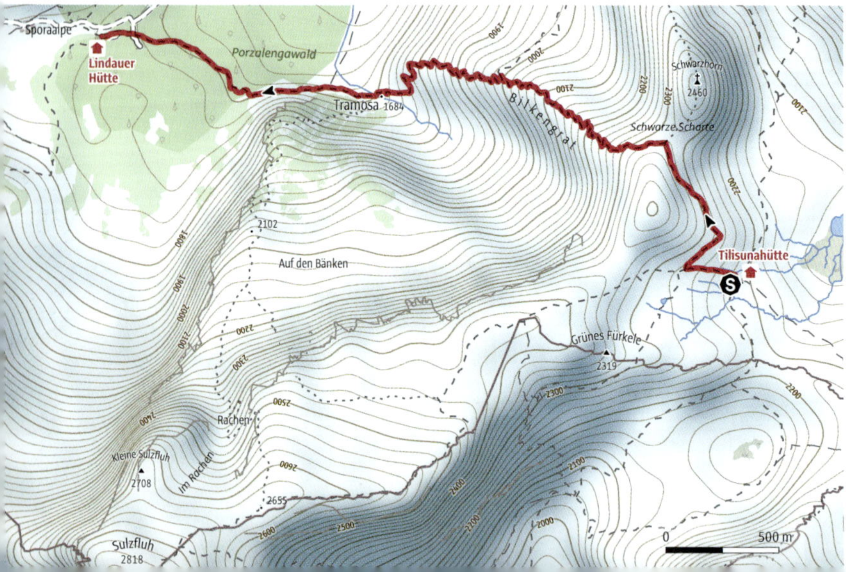

zu einem Comeback. Heute ist man stolz auf dieses regionale Produkt, das auch in der gehobenen Gastronomie Verwendung findet.

Bei der Trennung von Rahm, der für die Butterproduktion verwendet wird, bleibt Magermilch übrig. Diese wird auf 25 bis 30 Grad erhitzt und mit einer Molke-Kultur angesetzt. Es bildet sich eine Sauermilch, die erhitzt wird – dabei trennen sich die Molke und der Käse. Der wird in Formen kurz gelagert und dann mit Salz und, je nach Alpe, auch mit Paprikapulver eingerieben – wenige Tage später ist der Sura Kees fertig. Länger gelagerter Sauerkäse entwickelt eine Speckschicht. Es ist immer wieder erstaunlich, wie unterschiedlich dieser einfach erzeugte Käse mit säuerlicher Note schmeckt. Am Ende der Alpsaison gibt es im Montafon eine große Käseprämierung, auf der alle Alpen ihren Sura Kees stolz präsentieren.

Der „Bura Markt mit Sura-Kees-Prämierung" findet im Herbst in Schruns statt. Mit über 50 Marktständen, an denen neben Sura Kees auch andere landwirtschaftliche Produkte angeboten werden und Live-Musik gespielt wird, hat er sich zu einem kleinen Volksfest entwickelt.

Als typisches Alp-Produkt wird im Montafon der Sura Kees in vielen Formen angeboten: Er wird mit Essig, Öl und Zwiebel serviert, gemeinsam mit „gsottna Grumpiara" (gekochten Kartoffeln) gegessen und ist zentraler Bestandteil der Montafoner Kees-Knöpfli (Kässpätzle).

21 Von der Lindauer Hütte nach Brand

• •

Großartige, ganztägige Bergtour von der Lindauer Hütte, vorbei am gigantischen Schweizer Tor bis zum Lünersee und von dort zum Bergdorf Brand.

ECKDATEN ZUR TOUR

AUSGANGSPUNKT	Lindauer Hütte
ANFAHRT	**Mit öffentlichen Verkehrsmitteln:** Vom Bahnhof Bludenz mit der Montafonerbahn nach Tschagguns, anschließend mit dem Ortsbus 1 bis nach „Latschau Kraftwerk". Von dort aus ist die Lindauer Hütte in ca. 2 Std. 30 Min. zu Fuß erreichbar (Seite 167). **Mit dem PKW:** A14 Rheintal/Walgau Autobahn bis Bludenz-Montafon, über die L188 nach Tschagguns, danach über die Latschaustraße bis zum Kraftwerk Latschau bzw. zur Golmerbahn Mittelstation Latschau. Dort gibt es Parkplätze.
GEHZEIT	7 Std. 30 Min.
WEGSTRECKE	18,9 km
WEGVERLAUF	Lindauer Hütte – Öfapass –Schweizer Tor – Verajoch – Lünersee-Alpe – Douglass-Hütte (Rundweg in Richtung Totalphütte) – Böser Tritt – Lünerseebahn Talstation – Schattenlagantweg – Schattenlaganthütte – Brand Ortsmitte – Alvierbachweg – Gemeindezentrum – Dorfbahn
HÖHENUNTERSCHIED	Aufstieg: 750 m Abstieg: 1500 m Tiefster Punkt: 979 m Höchster Punkt: 2330 m
SCHWIERIGKEIT	mittel
EINKEHRMÖGLICHKEITEN	Alpe Lünersee, Douglass-Hütte, Schattenlaganthütte
UNTERKÜNFTE	in Brand (S. 172), alternativ Douglass-Hütte oder Schattenlaganthütte

HÖHENPROFIL

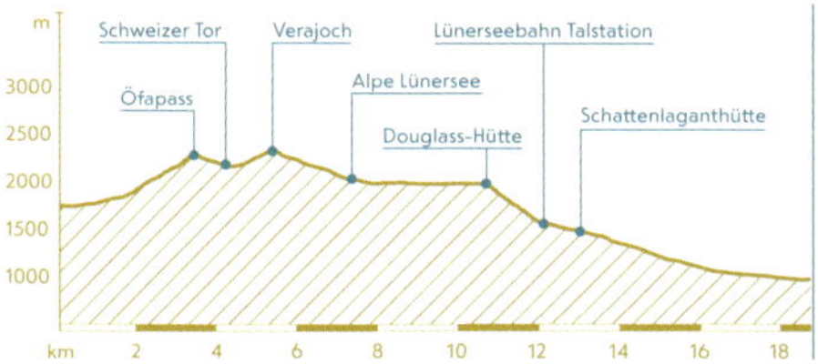

Der Lünersee hat sich seinen Beinamen als „Juwel des Rätikons" sichtlich verdient.

21

Der Lünersee wurde für die Energiewirtschaft aufgestaut. Auf der Staumauer befindet sich die Douglass-Hütte, eine Alpenvereinshütte.

21

Eine malerische Strecke entlang des Lünersees

Die Etappe von der Lindauer Hütte nach Brand gehört zu den längeren Abschnitten, wobei mit Hilfe von Seilbahn und Bus die Wanderzeit beträchtlich verkürzt werden kann. Aufgrund der vielen landschaftlichen Highlights vergeht die Zeit dennoch wie im Flug. Von der Lindauer Hütte (1744 m) führt der Weg vorbei an der Spora-Alpe hinauf zum Öfapass (2291 m) und dann leicht absteigend zum Schweizer Tor (2158 m), das den Grenzübergang in die Schweiz eindrucksvoll markiert. Nun geht es entlang der Kirchlispitzen hinauf zum Verajoch (2330 m). Von dort geht es bergab zur Alpe Lünersee und dann flach am Uferweg des Lünersees entlang. Der Lünersee, das „Juwel des Rätikons", wurde 2019 im Rahmen der ORF-Sendung „9 Plätze – 9 Schätze" zum schönsten Platz Österreichs gekürt – und ist somit auf „Min Weag" nach dem Körbersee auf Etappe 9 (Seite 56) der zweite See, der diese Auszeichnung erhalten hat. Heute ist der See aufgestaut, aber er war auch vorher schon der größte Bergsee der Ostalpen. Hier wurde die erste Alpenvereinshütte Vorarlbergs, die Douglass-Hütte, errichtet. Die alte Hütte wurde aber beim Aufstauen vom See bedeckt, heute befindet sich eine neue Hütte auf der Staumauer.

Im Anschluss kann man entweder via „Böser Tritt" auf einem ausgesetzten und teilweise mit Seil gesicherten Pfad absteigen oder die Lünerseebahn (nach Umbauarbeiten voraussichtlich ab August 2020 wieder in Betrieb) für einen schnellen und nicht minder spektakulären mechanischen Abstieg nutzen. Bei der Talstation der Lünerseebahn geht es via Schattenlagant hinunter nach Brand. Kurz vor dem Ortsanfang lohnt sich ein kurzer Abstecher zum Kesselfall, einer ca. 40 Meter hohen Klamm. Alternativ kann auch mit dem Linienbus von der Talstation der Lünerseebahn hinunter nach Brand gefahren werden.

21

Bergbahnen
Brandnertal-Dorfbahn
Dorfbahn
Brand
Gada
Kesselfall
Schattenlaganthütte
Douglass-Hütte
Lünersee
Lünerseebahn
Alpe
Lünersee
Schweizer Tor
2158
Lindauer
Hütte
Spora-
Alpe
Kanzelköpfe
2371
Lüneregg
2297
Seekopf
2698
Rossberg
2452
Verajoch
Kirchlispitzen
2330
2552
Öfakopf
2374
2291
Öfapass
Drusenfluh
2827
Großer Turm
2830
Geißspitze
2334
Zaluandakopf
2420
Obere-Zaluandaalpe
Untere-Zaluandaalpe
Freschluakopf
2300
Kreuzjoch
2261
Latschaetzkopf
2219
Golmer Joch
2124
Golmer See
Alpe Lün
Nördl. Schafgafall
2393
Südl. Schafgafall
2414
Saulakopf
2516
Obere Vilifaualpe
Voralpe Vilifau
Brandner Mittagspitze
2557
Zimba
2643
Wildberg
2372
Sarotlahörner
2192
Wasenspitze
2009
Steintälikopf
2432
Großer Valkastiel
2449
Gottvaterspitze
2438
Kleiner Valkastiel
2233
Schafgufel
2351
Zwölferkopf
2271
2099
Mittagsspitze
2107
Roßkopf
1996
Steinwandeck
1996
0
1 km

21

• • WISSENSWERTES

John Sholto Douglass und die Entwicklung des Alpinismus in Vorarlberg

Die Alpen in Vorarlberg sind seit dem Mittelalter, manche Täler auch schon weit länger, Lebensraum. Allerdings wurden sie von den Bewohnern lange als ein karger, feindlicher Lebensraum wahrgenommen. Das Besteigen der Berge war etwas, das Hirten gemacht haben, um Vieh wieder herunterzuholen, die Sehnsucht nach dem Erklimmen eines Gipfels als Selbstzweck ist eine relativ junge Entwicklung.

In Vorarlberg ist dieses Entdecken der Berge als Sehnsuchtsorte und Herausforderung mit dem Namen John Sholto Douglass (1838–1874) verbunden. Douglass wurde in Thüringen im Walgau geboren, wo sein Vater, John Douglass, eine Textilfabrik betrieb. Der junge Mann begeisterte sich für Naturkunde, die Jagd und das Wandern. Gemeinsam mit Vorarlberger Fabrikanten, etwa Baron Otto von Sternbach aus Bludenz oder Josef Ritter von Tschavoll aus Feldkirch, legte er den Grundstein

Neben seiner Liebe für die Berge hegte Douglass ein ausgesprochenes Interesse für die Geologie sowie die Geschichte der Römer in Vorarlberg. Zu diesen Themen veröffentlichte er einige Fachartikel.

Die alte Douglass-Hütte wurde beim Aufstauen des Lünersees überflutet.

für die touristische Erschließung der Vorarlberger Berge. Gemeinsam mit Sternbach war Douglass beispielsweise als erster „Tourist" auf der Zimba, ein Schrunser Bergführer geleitete die beiden auf das „Vorarlberger Matterhorn".

Douglass' Mitstreiter waren ebenfalls ehrwürdige Persönlichkeiten. Josef Andreas Ritter von Tschavoll war Industrieller und Bürgermeister von Feldkirch und Landtagsabgeordneter, Otto von Sternbach vertrat seine Heimatstadt Bludenz ebenfalls im Landtag.

Douglass, Tschavoll und Sternbach gründeten den Vorarlberger Alpenverein. Am Lünersee wurde auf Betreiben von Douglass 1870 die erste Alpenvereinshütte errichtet, die Nachfolgebauten tragen bis heute den Namen des schottisch-vorarlbergerischen Fabrikanten und Alpinisten. 1874 stürzte Douglass bei der Jagd im Klostertal tödlich, der Bergpionier wurde gerade einmal 35 Jahre alt.

Anton „Bücheltonis Toni" Neyer bestieg am 7. September 1848 als Erster die Zimba. Als Beweis hinterließ er auf dem Gipfel einen Stock mit Kupferhülse, die einen Zettel mit seinem Namen enthielt. 1870 wurde er als erster Bergführer Vorarlbergs registriert.

Douglass setzte mit seinen Aktivitäten wichtige Impulse für den Tourismus in den Bergregionen Vorarlbergs. In den Jahren nach seinem Tod wurden das Wegenetz in den Vorarlberger Alpen vom Alpenverein aufgebaut und zahlreiche Schutzhütten errichtet. Für die Bergbauern wurde der Beruf des Bergführers zu einer lukrativen Nebenbeschäftigung. Der erste lizensierte Bergführer Vorarlbergs war 1870 Anton Neyer, der Erstbesteiger der Zimba. In den Bergtälern wurden in der Folge Unterkünfte errichtet, erstmals gab es einen gewissen Wohlstand in diesen Regionen. Ein deutliches Zeichen dafür ist etwa die heutige Dorfschenke in Brand. Sie befindet sich im Gebäude der ehemaligen Pension Beck, die bereits Anfang des 20. Jahrhunderts mit elektrischem Licht Werbung machte: Die weite Welt war in den Vorarlberger Bergtälern angekommen.

22 Von Brand in den Nenzinger Himmel

• •

Herrliche, sechsstündige Grashang-Wanderung von Brand über das Amatschonjoch und die Alpe Setsch in den Nenzinger Himmel.

ECKDATEN ZUR TOUR

AUSGANGSPUNKT	Talstation Bergbahnen Brandnertal – Dorfbahn, Brand
ANFAHRT	**Mit öffentlichen Verkehrsmitteln:** Vom Bahnhof Bludenz mit dem Bus 81 nach „Brand Dorfbahn". **Mit dem PKW:** Aus dem Westen: A14 Rheintal/Walgau Autobahn bis Brandnertal, auf der L81/L82 nach Brand. Aus dem Osten: 12 Inntal Autobahn, A16 Arlberg Schnellstraße bis Bludenz/Bürs, auf der L82 nach Brand. Es befinden sich kostenfreie Parkplätze bei der Dorfbahn Brand.
GEHZEIT	6 Std. 15 Min.
WEGSTRECKE	14,6 km
WEGVERLAUF	Brand – Dorfbahn Talstation – Dorfbahn Bergstation – Alpe Parpfienz – Amatschonjoch (über Gulmasteig) – Alpe Setsch – Nenzinger Himmel
HÖHEN-UNTERSCHIED	Aufstieg: 1070 m Abstieg: 720 m Tiefster Punkt: 997 m Höchster Punkt: 2028 m
SCHWIERIGKEIT	mittel
EINKEHR-MÖGLICHKEITEN	Alpe Parpfienz, Alpe Setsch
UNTERKÜNFTE	Alpengasthof Gamperdona (Empfehlung: früh genug reservieren)

HÖHENPROFIL

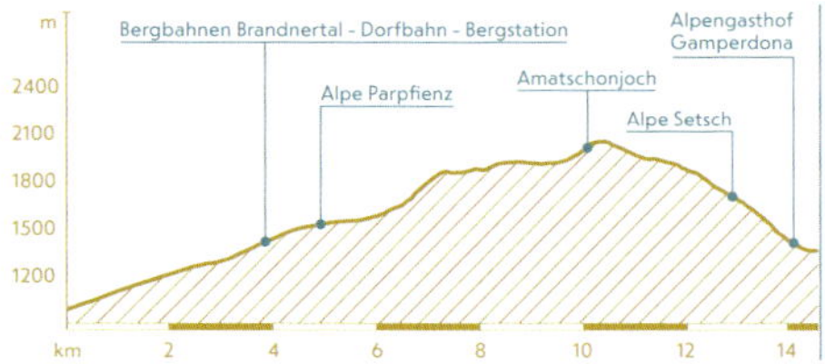

Am Rücken des Gulma liegt ein zauberhafter kleiner Teich.

22

Eine Wanderung in den Himmel

Die Wanderung von Brand ins Gamperdonatal, Nenzinger Himmel genannt, führt von einem belebten Tourismusort in ein touristisch kaum erschlossenes Tal. Beiderseits des Amatschonjochs, dem auf 2028 Meter liegenden Übergang zwischen den Tälern, prägen saftige Bergwiesen die Wanderung. Der Aufstieg Richtung Amatschonjoch ist gerade anfangs recht steil, hier kann man sich mit der Dorfbahn einiges an Anstrengung ersparen. Von der Bergstation aus gibt es zwei Möglichkeiten, entweder man wandert auf dem Rücken des Gulma (wie in Karte und Höhenprofil angegeben) oder durch das Lorenzital.

Vom Amatschonjoch aus geht es auf steilen Hängen hinunter zur Alpe Setsch. Bei Nässe oder im Frühjahr, wenn noch Schnee in den Rinnen liegt, ist Vorsicht geboten. Dann empfiehlt es sich, bei der ersten Abzweigung im Abstieg den unteren, weniger ausgesetzten Weg zu nehmen. Dafür muss man einige Höhenmeter im Gegenanstieg in Kauf nehmen. Von dort geht es hinab in den Nenzinger Himmel.

Dort angekommen, erwartet den Wanderer ein besonderes Feriendorf. Nur Bürger von Nenzing dürfen hier Hütten bauen. Rund 200 Hütten gibt es im „Himmel", die älteren zeugen noch von der Nutzung als Alphütten, in denen Mensch und Tier unter einem Dach geschlafen haben. Am Abend belohnt den Wanderer das Farbenspiel am Panüeler Kopf, der von der untergehenden Sonne in prächtige Rottöne getaucht wird.

• • WISSENSWERTES

Von der Allmende zur Agrargemeinschaft

Bauern teilen sich Grundbesitz, jedes Mitglied der dörflichen Gemeinschaft hat die Möglichkeit, die gemeinsamen Flächen so zu nutzen, dass es ein Auskommen finden kann. So lässt sich die Allmende erklären, eine Form der gemeinschaftlichen Nutzung von Grund und Boden, die im Mittelalter entstand und die bäuerlichen Gemeinschaften, also im Endeffekt die Dörfer, lange Zeit prägte. Die Wurzel dieser Entwicklung war im Mittelalter das gemeinsame Urbarmachen der Wälder: Zusammenarbeit zwischen den Bauern hatte viele Vorteile. Die gemeinsam geschaffenen Agrarflächen wurden auch gemeinsam genutzt. Diese Form der Landwirtschaft hat es ermöglicht, dass auch kleine Bauern überleben konnten: Selbst wenn der „eigene" Grund wegen Fehlernten oder Misswirtschaft verkauft werden musste, hatte der Bauer noch die Möglichkeit, seine Familie zu ernähren.

Fast 40 Prozent der Fläche Vorarlbergs sind von Wäldern bedeckt. Dabei dominiert mit über 50 Prozent die Fichte, dazu kommen rund 25 Prozent Tannen. 28.000 Hektar (von insgesamt 97.000 Hektar) Waldfläche liegen dabei in einer Hangneigung von über 60 Prozent.

22

Im 19. Jahrhundert entstanden Grundbücher. Das bedeutete einen starken Einschnitt. Viele Allmenden wurden Gemeindeeigentum – das Dorf wurde als Besitzer eingetragen. Die Flächen wurden als Gemeindegut behandelt. In den 1950er- und 60er-Jahren erfolgte ein Wechsel. Die Gemeinden wuchsen rasch, die neuen Gemeindebürger hatten mit Landwirtschaft nichts mehr am Hut. Vielerorts entschied man sich dazu, das Gemeindegut bzw. Teile davon an Agrargemeinschaften zu überschreiben, die sich meist aus den Bauernfamilien, oft auch aus den alteingesessenen Gemeindebürgern, zusammensetzten.

In Vorarlberg sind so 30 Agrargemeinschaften entstanden. Die größte, die Agrargemeinschaft Nenzing, besitzt 80 Prozent der Nenzinger Gemeindefläche. Sie ist Grundbesitzerin des Nenzinger Himmels.

Die Agrargemeinschaft Nenzing besitzt 8185 Hektar Fläche. Mehrere Alpen sind ebenso im Agrar-Besitz, wie 190 Kilometer Wege, zwei E-Werke und etwa 50 Gebäude. Dazu kommen zehn Eigenjagdreviere. 7500 Festmeter Holz werden jedes Jahr eingebracht. Die Agrargemeinschaft beschäftigt acht Mitarbeiter.

Die Rolle der Agrargemeinschaften ist aber auch umstritten: Denn auf dem anvertrauten Grund und Boden wird nicht nur Land- und Forstwirtschaft betrieben. Agrargemeinschaften betreiben Mülldeponien, verpachten Grundstücke für Einkaufszentren oder für den Abbau von Bodenschätzen und sind im Besitz von teurem Bauland. Daraus lukrieren sie Einnahmen, die eigentlich den Gemeinden zustehen würden, argumentieren viele. In den meisten Gemeinden wurden hier Lösungen gefunden, so schüttet beispielsweise die Nenzinger Agrargemeinschaft jedes Jahr einen Teil der Einnahmen an die Gemeinde aus und hat sich verpflichtet, Grundstücke für öffentliche Einrichtungen zum Schätzwert abzugeben.

23 Vom Nenzinger Himmel auf die Alpe Gamp

• •

Zwei-Länder-Wanderung vom Nenzinger Himmel über Liechtensteiner Gebiet zur Staatsgrenze am Mattlerjoch und weiter zur Alpe Gamp.

ECKDATEN ZUR TOUR

AUSGANGSPUNKT	Nenzinger Himmel, Nenzing
ANFAHRT	Aus Sicherheitsgründen besteht ab Nenzing ein Fahrverbot in den Nenzinger Himmel. Es gibt die Möglichkeit, Kleinbusunternehmen für die Anfahrt ins Gamperdonatal zu buchen (Seite 166). Alternativ kann die Strecke in ca. 4 Std. zu Fuß zurückgelegt werden. **Mit öffentlichen Verkehrsmitteln:** Vom Bahnhof Bludenz mit dem Bus 72b nach Nenzing. **Mit dem PKW:** A14 Rheintal/Walgau Autobahn bis Nenzing, auf der B190 nach Nenzing. Es gibt Parkmöglichkeiten bei den Busunternehmen.
GEHZEIT	6 Std. 30 Min.
WEGSTRECKE	16,4 km
WEGVERLAUF	Nenzinger Himmel – Sareiser Joch – Malbun (LIE) – Mattlerjoch – Alpe Gamp
HÖHENUNTERSCHIED	Aufstieg: 1060 m Abstieg: 870 m Tiefster Punkt: 1361 m Höchster Punkt: 2000 m
SCHWIERIGKEIT	mittel
EINKEHRMÖGLICHKEITEN	Alpe Sareis
UNTERKÜNFTE	Berghaus Mattajoch, Alpe Gamp

HÖHENPROFIL

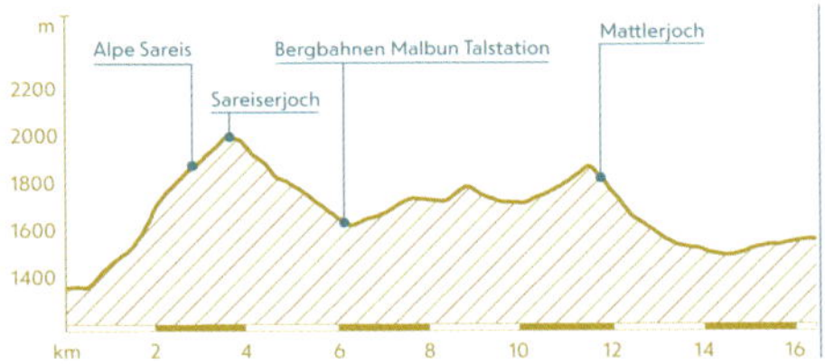

Die Alpe Gamp liegt an einem Bergrücken und ist ähnlich organisiert wie der Nenzinger Himmel.

Die Panülerwand ist die wahrscheinlich imposanteste Felswand Vorarlbergs.

Ein Ausflug ins Fürstentum Liechtenstein

Die Wanderung vom Nenzinger Himmel auf die Alpe Gamp ist lang, aber nach dem ersten Anstieg hinauf aufs Sareiserjoch recht gemütlich. Auch auf dieser Etappe präsentiert sich der Rätikon-Gebirgszug abwechslungsreich. Mit der Bergsiedlung Malbun liegt ein touristisches Dörfchen im Fürstentum Liechtenstein am Weg. Die Route von „Min Weag" verlässt auf dieser Etappe ein letztes Mal Vorarlberg.

Der Weg startet beim Alpengasthof Gamperdona und nach einem kurzen flachen Stück beginnt der Anstieg in Richtung Sareiserjoch (2000 m). Schon nach kurzer Zeit passiert man das Zigerbödele, einen beliebten Aussichtspunkt im „Himmel". Am Weg Richtung Joch passiert man in einem Latschenwäldchen die Grenze zum Fürstentum Liechtenstein, bald folgt die Alpe Sareis. Am Joch angekommen, liegt Malbun dem Wanderer zu Füßen. Nun kann man zur Bergstation der Bergbahn Sareis wandern und mit dem Sessellift abfahren oder dem Wegverlauf folgen und zu Fuß nach Malbun absteigen.

Von dort führt der Weg in Richtung Mattlerjoch (1867 m), ein kleiner See wird dabei passiert. Am Joch überschreitet man erneut die Grenze und kehrt zurück nach Vorarlberg. Von hier führt ein Wanderweg nach Gamp hinunter, vorbei an der Mattleralpe und der Hinteren Gampalpe. Bei der Alpe Gamp erreicht man das Ziel, das Berghaus Mattajoch. Von hier ist der Gampberg mit gutem Blick auf den dicht besiedelten Walgau in wenigen Minuten erreichbar – ein lohnender Abstecher.

Die Liechtensteiner Bergparzelle Malbun wird vom Tourismus geprägt.

„Für Gott, Fürst und Vaterland"
Am 23. Jänner 1719 vereinigt Kaiser Karl VI. die Herrschaften Vaduz und Schellenberg und erhebt sie zum Reichsfürstentum Liechtenstein. Die Adelsfamilie Liechtenstein, die seit dem 13. Jahrhundert in Mähren und Ostösterreich umfangreiche Besitztümer und viel Einfluss gewonnen hatte, erhielt so ein „unmittelbares" Reichsterritorium und konnte damit endlich gegenüber anderen Fürsten ebenfalls als Landesfürsten auftreten. Die Familie blieb bis ins 20. Jahrhundert in Wien, erst 1938 übersiedelte Fürst Franz Josef II. nach Vaduz, wo heute die Fürstenfamilie in der Burg Vaduz lebt. Heute ist das Volk mit dem Fürsten bzw. dem derzeit amtsführenden „Erbprinzen" Alois eng verbunden. Das Fürstenhaus verfügt im Vergleich zu anderen konstitutionellen Monarchien über viele Rechte.

Nominell ist Fürst Hans Adam II. seit 1989 Staatsoberhaupt des Fürstentum Liechtensteins. Seit 2004 werden die Regierungsgeschäfte von seinem Sohn, Erbprinz Alois, als „amtsführenden Stellvertreter des Fürsten" wahrgenommen.

Im 20. Jahrhundert erlebte das Fürstentum Liechtenstein, es ist der sechstkleinste Staat der Welt, einen wirtschaftlichen Höhenflug. Das agrarisch geprägte Land entwickelte sich zu einem weltweit beliebten Finanzplatz. „Vom Heuwender zum Treuhänder", wird von den „ärmeren" Nachbarn in der Schweiz und Vorarlberg gespöttelt. Der laxe Umgang und die Verschwiegenheit im Zusammenhang mit anvertrauten Geldern brachten dem Land aber auch einen zweifelhaften Ruf ein. Am Beheben dieser Reputation arbeitet man intensiv: Dem Finanzmarkt scheinen die strengeren Regeln nicht zu schaden, auch heute kommen an die 25 Prozent der Bruttowertschöpfung aus dem Finanzsektor.

Die 15 konzessionierten Banken des Fürstentum Liechtensteins verwalten für ihre Kunden ein Vermögen von 305 Mrd. Schweizer Franken (284 Mrd. Euro), davon 159 Mrd. Franken direkt in Liechtenstein.

Aber auch die Industrie im Land hat sich prächtig entwickelt, Firmen wie Thyssenkrupp-Presta, Hilti, Hilcona, Ivoclar Vivadent oder Oerlikon Balzers gehören zu den Weltmarktführern. Das führt zu einer einzigartigen Bevölkerungsstruktur: 38.000 Menschen leben in Liechtenstein, davon sind aber nur 25.000 Staatsbürger. Und von 38.600 Erwerbstätigen in Liechtenstein leben über 21.000 im Ausland, also vor allem in der Schweiz und Vorarlberg.

Landschaftlich ist das Fürstentum Liechtenstein vom Alpenrhein, an dessen rechtem Ufer das Land liegt, und vom Rätikon geprägt. Mit 160 Quadratkilometern Fläche ist Liechtenstein beispielsweise kleiner als Gaschurn. Auf der Etappe durch Liechtenstein wird die Walsersiedlung Malbun passiert, die zur Gemeinde Triesenberg gehört und erst seit dem Aufkommen des Tourismus dauerhaft bewohnt wird.

Die Grenze zum Fürstentum Liechtenstein verläuft nicht am Bergkamm, sondern wird bereits beim Anstieg passiert.

24 Von der Alpe Gamp nach Gurtis

• •

Diese landschaftlich hinreißende Alpwanderung führt in fünf erlebnisreichen Stunden von der Alpe Gamp ins Bergdorf Gurtis.

ECKDATEN ZUR TOUR

AUSGANGSPUNKT	Alpe Gamp
ANFAHRT	Vom Tal aus liegt der Startpunkt bei den Bergbahnen Malbun. Von dort geht es zu Fuß in ca. 3 Std. zur Alpe Gamp. Dieser Weg entspricht einer Teilstrecke von ca. 10 km der Etappe 23 (Seite 122). Alternativ per Taxi von Nenzing zur Alpe Gamp (Seite 166). **Mit öffentlichen Verkehrsmitteln:** Vom Bahnhof Feldkirch mit dem Bus 21 nach „Malbun Bergbahnen" (LIE). **Mit dem PKW:** A 14 Rheintal/Walgau Autobahn bis Feldkirch, auf der B191 über den Grenzübergang Schaanwald nach Liechtenstein, dann nach Malbun (LIE). Es befindet sich ein Parkplatz bei den Bergbahnen Malbun.
GEHZEIT	5 Std.
WEGSTRECKE	11,3 km
WEGVERLAUF	Alpe Gamp – Herrenweg – Sattelalpe – Bazoraalpe – Gurtis Bushaltestelle
HÖHENUNTERSCHIED	Aufstieg: 630 m Abstieg: 1300 m Tiefster Punkt: 909 m Höchster Punkt: 1703 m
SCHWIERIGKEIT	mittel
EINKEHRMÖGLICHKEITEN	Sattelalpe
UNTERKÜNFTE	in Gurtis (Seite 172)

HÖHENPROFIL

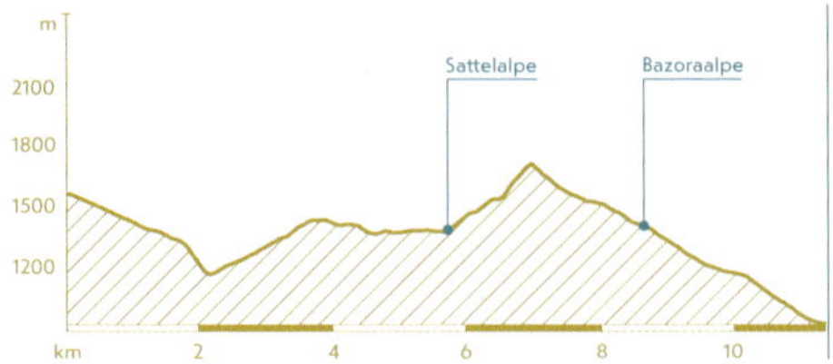

Von der Sattelalpe lohnt sich der Blick zurück zur Alpe Gamp.

24

Schroffe Berge und allerlei Blumenpracht

Schritt für Schritt geht es nun aus der Bergeinsamkeit zurück in Richtung Betriebsamkeit, aber davon ist im Großteil der fünf Stunden langen Wanderung noch wenig zu spüren. Denn vorerst geht es zum Talschluss des Galinatals, dabei müssen auch zwei große Rinnen überquert werden. Eine Abzweigung führt dann hinauf zur bewirtschafteten Sattelalpe.

Hier lohnt eine Einkehr, denn danach geht es nochmals steil bergauf zum Spitzwiesle und dann durch einen sehr schönen Wald zur Bazoraalpe. Alternativ kann man auch via Gurtisspitze (1778 m) zur Bazoraalpe gelangen, was nur unwesentlich länger dauert. Hier öffnet sich der Blick und Feldkirch und viele weitere Ortschaften liegen dem Wanderer zu Füßen. Die schroffen Felsen der Drei Schwestern zeigen aber auch deutlich, dass man sich noch im Kalkalpenzug Rätikon befindet. Am Ende der Wanderung gelangt man über Wiesen nach Gurtis, einem zu Nenzing gehörenden Bergdorf.

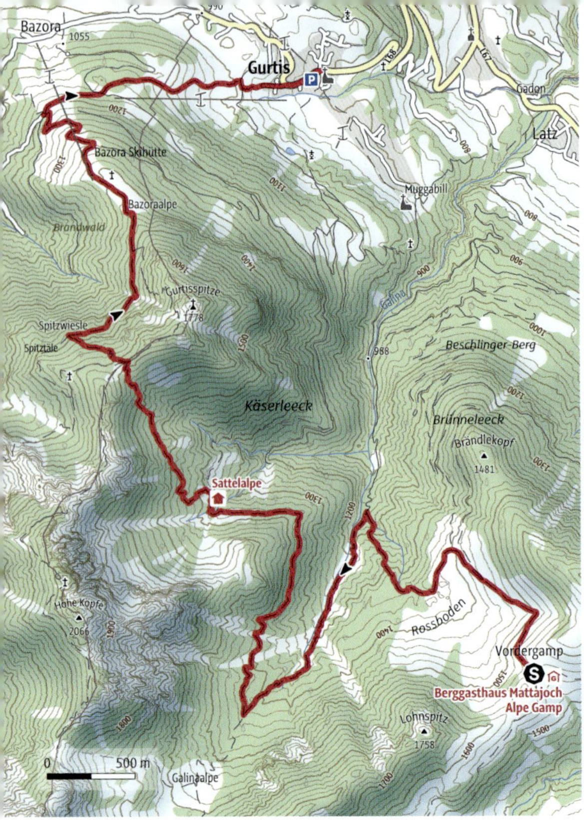

• • WISSENSWERTES

Der Walgau

Neben dem Rheintal ist der Walgau, das Tal zwischen Bludenz und Feldkirch, der zweite große Siedlungs- und Wirtschaftsraum Vorarlbergs. Über 50.000 Menschen leben im stark industrialisierten Tal. Der Walgau verfügt über einen weiten Talgrund, der historisch nicht sehr stark besiedelt wurde. Hier mäandrierte nämlich die Ill über Jahrtausende. Der Talgrund wurde von einem großen Gletscher in der Eiszeit gebildet, nach dem Zurückweichen der Gletscher wurde der viel tiefer liegende Talgrund langsam von der Ill und ihren Zuflüssen aufgefüllt, weite Feuchtgebiete entstanden, an die heute die Auwälder entlang der Ill erinnern.

Die Würm-Kaltzeit („Eiszeit") war die bislang letzte Kaltzeit im Alpenraum. Sie dauerte ca. von 110.000 bis 8000 v. Chr. Die Jahresmitteltemperatur in den Alpen lag damals bei -3 Grad (heute: +7 Grad). Ein Erbe dieser Kaltzeit ist unter anderem der Bodensee.

Die Menschen siedelten vor allem am Rand des Tales, wo die heutigen Dorfzentren liegen. Die Besiedelung startete bereits in der Jungsteinzeit. Um Christi Geburt wurde Vorarlberg Teil des Römischen Reiches. Die Rätoromanen nennen das Tal deshalb

Ob die Räter ein eigenständiges Volk oder eine Gruppe von Völkern im Alpenraum waren, ist ungeklärt. Sie siedelten jedenfalls im Bereich zwischen Como, dem Lago Maggiore, dem Unterinntal und dem Bodenseeraum. Sie gingen weitgehend in der römischen Kultur auf.

bis heute Valdruschana, nach Drusus, der 15 n. Chr. Rätien gemeinsam mit seinem Bruder eroberte. Die ansässigen Räter vermischten sich mit den Römern. Im Walgau, der abseits der Hauptverkehrsroute entlang des Rheintals lag, blieben auch nach der alemannischen Landnahme die römischen Spuren sichtbar. Bis ins 16. Jahrhundert wurde teilweise noch rätoromanisch gesprochen, viele Orts- und Flurnamen gehen darauf zurück. Auch der Name des Walgaus: Denn hier lebten „Welsche" (Welschgau).

Heute ist der Walgau neben dem Rheintal der größte Wirtschafts- und Lebensraum des Landes. Die Siedlungen sind in den Talgrund vorgerückt, die Ill wurde im 19. und 20. Jahrhundert gebändigt und in ein festes Korsett geschnürt. In den 1830er-Jahren begann die Industrialisierung. Bis heute bleibt dabei der Walgau vor allem durch klein- und mittelständische regionale Betriebe geprägt, dazu kommen große internationale Firmen wie Liebherr in Nenzing, Hilti in Thüringen und die Red-Bull-Produktion der Firma Rauch in Ludesch.

Der Walgau ist ein breites Trogtal und neben dem Rheintal der Hauptsiedlungsraum in Vorarlberg.

25 Von Gurtis nach Feldkirch

• •

Angenehme Wald-und-Wiesen-Wanderung von Gurtis durch das ursprünglich gebliebene Saminatal und über Amerlügen bis hinunter nach Feldkirch.

ECKDATEN ZUR TOUR

AUSGANGSPUNKT	Gurtis
ANFAHRT	**Mit öffentlichen Verkehrsmitteln:** Vom Bahnhof Frastanz mit dem Bus 74 nach Gurtis. **Mit dem PKW:** A14 Rheintal/Walgau Autobahn bis Feldkirch/Frastanz, auf der L190 nach Frastanz, rechts auf die Alte Landstraße abbiegen, durch das Ortsgebiet Frastanz nach Gurtis. Es befinden sich kostenfreie Parkplätze bei der Talstation des Skilifts Bazora.
GEHZEIT	5 Std.
WEGSTRECKE	13,7 km
WEGVERLAUF	Gurtis Rundweg – Bazora – Gafadura Alpe – über Saminatal – Plankafur Bruck – Amerlügen – Fellengatter – Richtung Tisis über Letze – Feldkirch – Stadtmitte über Reichenfeld – Illsteg – Montforthaus – Schattenburg
HÖHEN-UNTERSCHIED	Aufstieg: 450 m Abstieg: 900 m Tiefster Punkt: 454 m Höchster Punkt: 1202 m
SCHWIERIGKEIT	leicht
EINKEHR-MÖGLICHKEITEN	keine Einkehrmöglichkeiten entlang des Weges
UNTERKÜNFTE	in der Stadt Feldkirch (Seite 172)

HÖHENPROFIL

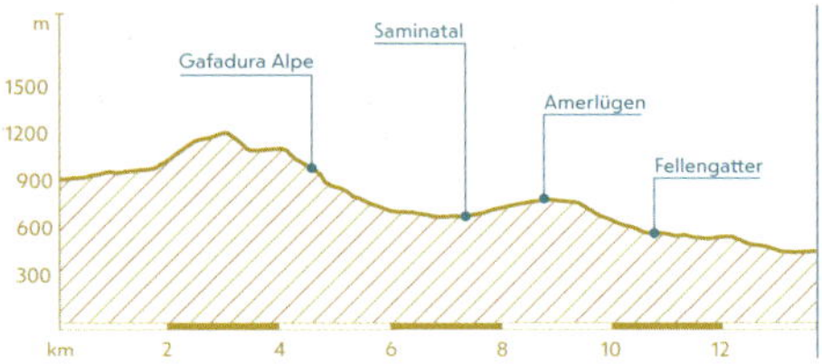

Nach vielen Tagen im Hochgebirge führt die Wanderung nun wieder in dicht besiedelte Regionen des Landes.

25

Aus den Bergen in die Stadt

In fünf Stunden führt diese Wanderung durch eine wildromantische Berglandschaft ins Zentrum der Stadt Feldkirch. Anfangs geht es leicht aufwärts zur Parzelle Bazora, dann über Wiesen und durch Wald zur Gafadura Alpe. Hier kann man die Aussicht auf die schroffen Felsspitzen von Gurtisspitze, Goppaschrofen und den Drei Schwestern genießen. Dann geht es hinunter ins Saminatal, ein unbesiedeltes naturbelassenes Tal. Dort wird der Wildbach an der Plankafur-Brücke überschritten und es geht wiederum leicht ansteigend in das Bergdorf Amerlügen.

Von hier aus geht es nun auf breiten Wegen über Wiesen und durch waldige Abschnitte in Richtung Krankenhaus Maria Ebene. Weiter durch den Frastanzer Ortsteil Fellengatter auf die Letze, die bereits zu Feldkirch gehört. Hier findet sich ein buddhistisches Kloster (Letzehof). Vom Stupa, einer symbolischen Darstellung des Geistes von Buddha, aus bietet sich eine wunderbare Aussicht auf die Schweizer Berge. Ein guter Ort, um ein letztes Mal in Ruhe die Landschaft zu genießen.

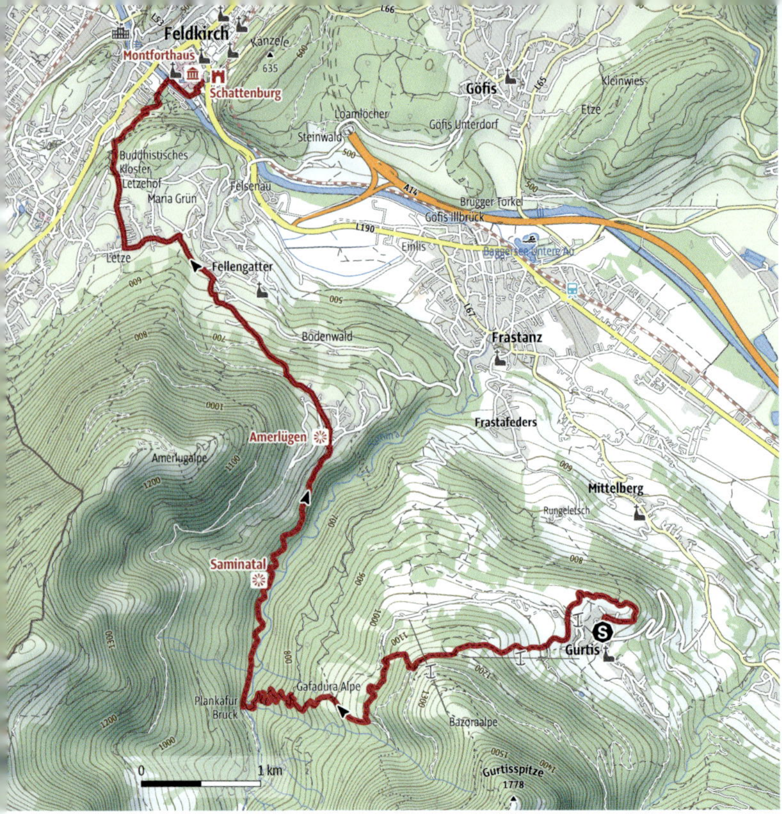

Denn hinter dem Kloster geht es über die Duxgasse steil hinab in Richtung Stadt. Über eine Wiese erreicht man schließlich das Landeskonservatorium, die ehemalige Jesuitenschule Stella Matutina. Über eine Brücke kommt man nun in die Feldkircher Altstadt, wo zahlreiche Straßencafés und Geschäfte zum Flanieren und Entspannen einladen. Am Ende der Altstadt geht es eine kleine Gasse hinauf zum Endpunkt, der Schattenburg.

• • WISSENSWERTES

Wie Feldkirch die Welt prägte

Das Spätmittelalter war eine Zeit der Krise. Die alleinige Autorität der Kirche wurde zusehends in Frage gestellt, neue Gelehrte – die Humanisten – wandten sich wieder dem Denken der Antike zu: Die Epoche ging als Renaissance in die Geschichte ein.

Die Renaissance (französisch für Wiedergeburt) steht am Übergang vom Mittelalter zur Neuzeit im 15. und 16. Jahrhundert. Im Selbstverständnis wandte man sich nach dem Zeitalter des „Verfalls", also dem Mittelalter, wieder den Errungenschaften der „glanzvollen" Antike zu.

Die kleine Stadt Feldkirch, um 1500 zählte sie gerade einmal 1500 Bürger, schaffte es, einige

bedeutende Humanisten hervorzubringen. Dafür gibt es mehrere Gründe: Die Wirtschaft florierte und Feldkirch lag im Knotenpunkt zweier bedeutender Handelswege. Zudem gab es bereits früh eine von der Kirche unabhängige Lateinschule. Das führte dazu, dass zwischen 1436 und 1550 eine unglaubliche Zahl von 470 Feldkircher Studenten an den Hochschulen Europas eingeschrieben waren.

Es gab aber auch einen „Brain Drain", denn viele Gelehrte wurden zwar in Feldkirch geboren, verließen die Stadt jedoch später. Für den Stadtbibliothekar und Humanismus-Experten Hans Gruber liegt dies am Fehlen einer Universität, aber auch daran, dass viele der Humanisten sich den Ideen Martin Luthers zuwendeten und dem katholisch geprägten Feldkirch den Rücken zukehren wollten.

Hieronymus Münzer, 1447 in Feldkirch geboren, studierte in Leipzig die „sieben freien Künste" und unterrichtete dort. Dann wurde er Leiter der Lateinschule von Feldkirch, ehe er nach einem Jahr in Padua Medizin studierte und sich später in Nürnberg niederließ. Münzer tat sich als Geograph hervor und empfahl dem portugiesischen König Johann II. 1493, Indien auf dem Seeweg über den Atlantik zu besuchen. Als bedeutsames Vermächtnis blieb die Schedelsche Weltchronik, die er mitgestaltete: Sie gilt als erstes großes Geographiewerk mit umfangreichem Kartenmaterial.

Der zweite große Feldkircher Humanist war Georg Joachim Rheticus. Er gilt als Wegbereiter für Kopernikus, den er überzeugte, seine Thesen zu veröffentlichen. Kopernikus zauderte nämlich und Rheticus schrieb flugs einen Bericht über die Thesen von Kopernikus, dass sich nämlich die Sonne – und nicht wie seit jeher angenommen die Erde – im Mittelpunkt unseres Planetensystems befände. Die positive Aufnahme dieses Berichts überzeugte Kopernikus, sein Werk zu veröffentlichen. Rheticus selbst war ein bedeutender Mathematiker.

Nikolaus Kopernikus (1473–1543) beschrieb in seinem Hauptwerk das heliozentrische Weltbild, in dem sich die Erde um die Sonne dreht, und begründete so die kopernikanische Wende. Zuvor waren die Menschen seit der griechischen Antike von einem geozentrischen Weltbild mit der Erde als Mittelpunkt ausgegangen.

Diese Epoche war auch für die Stadtentwicklung wichtig. Nach der großen Feuersbrunst 1460 wurden viele Gebäude neu errichtet: Der Dom St. Nikolaus, der Katzenturm und die Frauenkirche sind Zeugnisse dieser Epoche, die den Ruf Feldkirchs als Bildungsstadt etablierte.

25

26 Von Feldkirch nach Laterns

• •

Abwechslungsreiche, konditionell fordernde Wanderung durch Wälder nach Laterns, mit fantastischem Blick und mit Abstieg in eine kühle Schlucht.

ECKDATEN ZUR TOUR

AUSGANGSPUNKT	Schattenburg, Feldkirch
ANFAHRT	**Mit öffentlichen Verkehrsmitteln:** Die Schattenburg ist vom Bahnhof Feldkirch in ca. 15 Minuten zu Fuß erreichbar. **Mit dem PKW:** A14 Rheintal/Walgau Autobahn bis Feldkirch/Frastranz, über die L190 zur Schattenburg. Aus Liechtenstein: Vom Grenzübergang Schaanwald/Feldkirch nach Tisis, über die Landesstraße nach Feldkirch zur Schattenburg. Dort befinden sich kostenpflichtige Parkplätze (weitere Parkmöglichkeiten in der Umgebung: Seite 166).
GEHZEIT	6 Std.
WEGSTRECKE	15,2 km
WEGVERLAUF	Feldkirch – Schattenburg – Gasserplatz – Säntisblick – Hoher Sattel – Rankweil (Tillisweg) – Valduna LKH (Egatawegle, Egatarundweg) – Rainberg – Netschelweg – Bushaltestelle – Üble Schlucht – Laterns-Thal
HÖHENUNTERSCHIED	Aufstieg: 1000 m Abstieg: 600 m Tiefster Punkt: 464 m Höchster Punkt: 921 m
SCHWIERIGKEIT	mittel
EINKEHRMÖGLICHKEITEN	keine Einkehrmöglichkeiten entlang des Weges
UNTERKÜNFTE	in Laterns (Seite 172), alternativ mit dem Bus 65 nach Rankweil (Seite 172)

HÖHENPROFIL

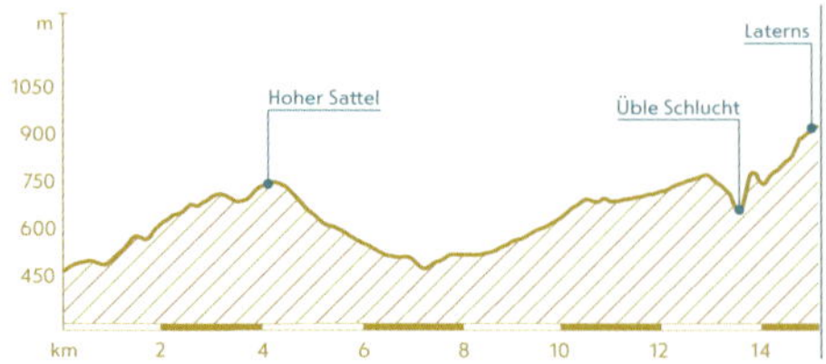

Die Üble Schlucht ist ein beeindruckendes Naturdenkmal.

26

Wanderung durch eine wilde Schlucht

26

Diese Etappe hat viel Abwechslung zu bieten. Die über tausend Höhenmeter der Etappe verteilen sich auf mehrere Auf- und Abstiege und immer wieder bieten sich tolle Ausblicke ins Rheintal und in Richtung des Säntis. Es werden immer wieder Straßen passiert, die Berge, die das Rheintal begrenzen, sind weniger einsam als das Hochgebirge der vergangenen Wochen.

Vom Feldkircher Stadtzentrum und der Schattenburg geht es entlang einer Straße zum Gasserplatz in Göfis und dann auf dem Bergrücken des Hohen Sattels (750 m) in Richtung Rankweil. Nach einem kurzen Abstieg durch den Wald wird eine Straße überquert und es geht am Valduna-Friedhof vorbei hinauf in Richtung Übersaxen. Nun folgt ein absolutes Highlight: die mit Seilen gesicherte Wanderung

Schattenburg mit Blick auf Feldkirch

durch die Üble Schlucht. Hier hat sich die Frutz auf 500 Metern Länge tief eingegraben und eine beeindruckende Landschaft geformt. Nun wird die Wanderung schwieriger (alpiner Steig), der Weg ist aber gut mit Seilen gesichert. Auf den Treppen, Brücken und Stegen sollte man stets vorsichtig sein, da diese durch die vorherrschende Feuchtigkeit oft rutschig sind. Der Abschnitt kann auch über den Bädleweg zur Frutz umgangen werden, landschaftlich verpasst man dann aber so einiges.

Nach dem Passieren der Schlucht geht es steil hinauf, bis schließlich das Walserdorf Laterns erreicht wird. In Laterns-Thal gibt es kaum Unterkünfte. Es empfiehlt sich, per Bus hinunter nach Rankweil zu fahren, wo das Angebot an Unterkünften deutlich größer ist.

Auch wenn der Abschnitt durch die Schlucht etwas schwieriger ist, sollte man ihn keinesfalls verpassen.

Die Rheintalgemeinde Rankweil ist für ihre ausgeprägte Gasthauskultur bekannt.

26

• • WISSENSWERTES

Rankler Gasthauskultur

Vorarlberg wird geschätzt für seine Gastlichkeit und die Wirtshauskultur ist bis heute ausgeprägt. „Wirtshäuser spielten in dörflichen Gemeinschaften eine zentrale Rolle", erklärt Edgar Eller, der einige Jahre lang Präsident von Slow Food Vorarlberg war. Was wurde früher nicht alles im Wirtshaus diskutiert, besprochen, ausgemacht! Heute geht diese Rolle teilweise zurück. Gerade abseits der touristischen Zentren gibt es in den Dörfern ein Wirtshaussterben. Aber nicht allerorts. Rankweil ist ein ausgezeichnetes Beispiel für eine Gemeinde, in der die Wirtshauskultur bis heute lebt und gedeiht.

Die Slow-Food-Bewegung versteht sich als bewusster Gegentrend zum weitverbreiteten Fast Food. Genuss, Regionalität und Qualität stehen im Fokus und auch die Herkunft und Saisonalität der Lebensmittel spielen eine wichtige Rolle.

Im 19. Jahrhundert gab es in Rankweil bei knapp 2300 Einwohnern 24 Hauseigentümer, die sich als Wirte bezeichneten: Das geht aus einem Häuserverzeichnis von 1857 hervor. Die Wallfahrt zur Liebfrauenkirche brachte wohl genügend hungrige und durstige Pilger in die Rheintalgemeinde.
14 Gasthäuser gab es allein an der Ringstraße, die den Liebfrauenberg, auf dem die Basilika thront, umringt. Die Namen wie Adler, Löwen, Ochsen, Taube, Kreuz bezogen sich dann auch auf biblische Zitate. Nach dem Bau der Arlbergbahn entstand Richtung Bahnhof eine weitere Wirtshaus-Achse: Das Hörnlingen, der Hohe Freschen und weitere entstanden.

26

Bierbrauen hat in Vorarlberg Tradition. Neben vier größeren regionalen Brauereien (Egger, Fohrenburger, Frastanzer und Mohrenbräu) gab es in den letzten Jahren im Zuge des Craft-Beer-Trends auch eine Rückbesinnung auf kleine Gasthausbrauereien.

Viele dieser Gasthäuser bestehen bis heute – nicht alle noch im ursprünglichen Gebäude, aber die Wirtshausdichte blieb in Rankweil hoch. Dabei sind auch die Strategien der Wirtsleute unterschiedlich: Es gibt Lokale, in denen auf hohem Niveau und mit viel Aufwand gekocht wird, ebenso wie einfache Wirtshausküche. Es gibt Lokale, in denen bei einem Bier gejasst wird, und andere, die mit Übernachtungsmöglichkeiten, Seminarräumen und edlen Weinen aufwarten.

Auffallend ist, dass hier, bei allen unterschiedlichen Zugängen, doch sehr regional und traditionell bewirtet und gearbeitet wird. Für den Slow-Food-Experten Eller ist das aber gut erklärbar. Er glaubt, dass es auch um Relevanz geht. Preiskampf im Sinne von „Einer ist immer billiger als ich" ist für ihn der falsche Ansatz. „Ein Wirt, der seine Lieferanten kennt, der weiß, wann er was in bester Qualität direkt vor der Haustüre bekommt, ist unverwechselbar." Typische Wirtshausküche ist oft eine einfache Küche, hier sind die Produkte nochmals entscheidender. In Vorarlberg wird vielerorts auf Qualität, Regionalität und Saisonalität gesetzt. Das schmeckt man dann auch.

27 Von Laterns nach Viktorsberg

• •

Kurzweilige fünfeinhalbstündige Wanderung von Laterns nach Viktorsberg – über den Alpwegkopf-Panoramaweg mit einer großartigen Bergschau.

ECKDATEN ZUR TOUR

AUSGANGSPUNKT	Kirche, Laterns
ANFAHRT	**Mit öffentlichen Verkehrsmitteln:** Vom Bahnhof Rankweil mit dem Landbus 65 nach „Laterns Gasthaus Löwen". **Mit dem PKW:** A14 Rheintal/Walgau Autobahn bis Feldkirch Nord, über Rankweil ins Laternsertal. Es befinden sich kostenfreie Parkplätze in Laterns-Thal.
GEHZEIT	5 Std. 30 Min.
WEGSTRECKE	14,0 km
WEGVERLAUF	Laterns-Thal — Alpwegkopf (über Schwende) — Untere Schwende — Obere Schwende — Alpwegkopfhaus — Furx (Nordweg) — Furx (Peterhof) – Sennewies — Älpele — Dafins (über Morsch) — Dafins (Kirche) — Viktorsberg (Wiegenweg) — Viktorsberg Kloster
HÖHENUNTERSCHIED	Aufstieg: 870 m Abstieg: 900 m Tiefster Punkt: 624 m Höchster Punkt: 1477 m
SCHWIERIGKEIT	mittel
EINKEHRMÖGLICHKEITEN	Alpwegkopfhaus, Alpengasthof Peterhof
UNTERKÜNFTE	in Viktorsberg (Seite 172)

HÖHENPROFIL

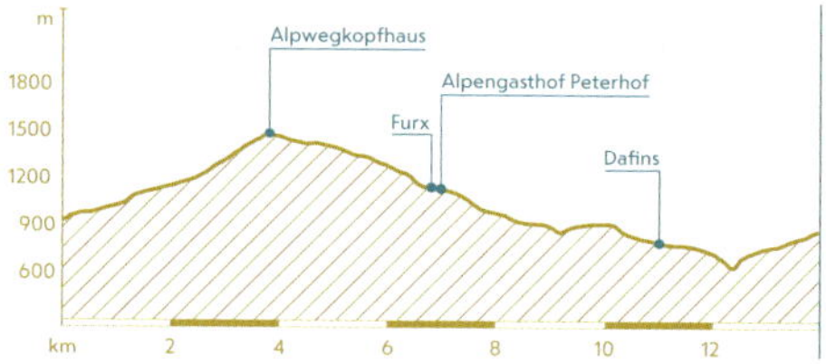

In schönster Aussichtslage lädt das Alpwegkopfhaus zu einer Einkehr ein.

Mit viel Aussicht von Dorf zu Dorf

Die Etappe 27 ist mittelschwer und mittellang. Sie bietet viele wunderbare Aus- und Tiefblicke – es ist eine Panoramatour. Erst geht es von Laterns aus auf Wiesen aufwärts über die Schwende zum Alpwegkopfhaus (1477 m). Dort startet ein Panoramaweg über die Untere und Obere Schwende zur Alpe Furx, dabei bieten sich tolle Aussichten: die Schesaplana, der Wildberg, der Panüeler, die Drei Schwestern und die Schweizer Berge auf der gegenüberliegenden Seite des Rheintals. Nun geht es über das Sennewies-Älpele und Morsch nach Dafins. Dort wird der bisher einfache Weg etwas schwieriger, aber er ist gut gesichert. Es geht hinunter zur Frödisch, die auf einer Brücke im Mühletobel überquert wird. In diesem Abschnitt ist der Weg mit Seilen, Geländern und auch Metallstiegen gesichert. Dann folgt der letzte Aufstieg (etwa 300 Höhenmeter), der ins Bergdorf Viktorsberg führt. Beim Kloster Viktorsberg endet die Etappe an einem Aussichtspunkt, das Rheintal liegt dem Wanderer zu Füßen.

• • WISSENSWERTES

Eusebius und die Christianisierung Vorarlbergs

Ab dem Jahr 312 wandte sich der römische Kaiser Konstantin I. dem Christentum zu. Die Christianisierung des Römischen Reiches begann – und somit auch Vorarlbergs. Aber ab dem 3. Jahrhundert n. Chr. drangen die Alemannen immer stärker in ihr heutiges Siedlungsgebiet, dazu gehört auch Vorarlberg. Sie glaubten noch an die alten germanischen Götter.

Es waren zwei irische Missionare, die entscheidende Impulse setzten: Kolumban und Gallus. Kolumban trat als Gründer zahlreicher Klöster auf. Der streitbare Missionar geriet dabei aber auch immer wieder in weltliche Konflikte, deshalb kam er gemeinsam mit seinem Schüler Gallus um 610 nach Bregenz, wo sie eine Kirche gründeten. Die Missionierung war nur teilweise erfolgreich und Kolumban musste nach politischen Querelen weiterziehen. Gallus, der erkrankt war, blieb in der Gegend, er gründete eine Einsiedelei, die Urzelle für das heutige Kloster St. Gallen und die Stadt St. Gallen.

Der Heilige Gallus (550 bis vermutlich 640) kam als Wandermönch und Missionar in den Bodenseeraum, wo er in der alemannischen Sprache predigte. Das Angebot, Bischof von Konstanz zu werden, lehnte er ab – Gallus entschied sich für ein Leben in Askese.

Die Viktorsberger Kirche liegt in wunderschöner Aussichtslage über dem Rheintal.

Das Kloster Viktorsberg bildet mit der Kirche einen Vierkanthof.

27

Das Bistum Konstanz wurde 585 gegründet, um die Alemannen zu missionieren. Besondere Bedeutung erhielt es während des Konzils von Konstanz (1414–1418). 1821 wurde es in Folge eines innerkirchlichen Streites aufgelöst.

Die Christianisierung schritt, trotz erster Rückschläge rasch voran. Der Einfluss des Christentums nahm in Vorarlberg, das kirchlich zwischen den Bistümern Konstanz und Chur geteilt war, zu. Eusebius, ein Ire, der ins Kloster St. Gallen eintrat, lebte beispielsweise 30 Jahre (bis zu seinem Tod im Jahr 884) in einer Einsiedelei in Viktorsberg. Der Sage nach wurde dem Mönch von einem Bauern in Brederis bei einem Streit der Kopf abgetrennt. Er hatte die Bauern getadelt, weil diese am Sonntag gemäht hatten. Der Geköpfte sei mit dem Kopf unter dem Arm nach Viktorsberg zurückgekehrt, wo er begraben wurde. In Viktorsberg entstand ein Kloster, das schließlich im 18. Jahrhundert aufgelöst wurde. Seither liegen die Gebeine von Eusebius im Dom von St. Gallen.

Die Christianisierung setzte sich weiter fort. In immer mehr Gemeinden sind Kirchen überliefert. Es ist davon auszugehen, dass die Christianisierung Vorarlbergs spätestens um 800 weitgehend abgeschlossen war.

28 Von Viktorsberg nach Ebnit

••

Schöne Zwei-Gipfel-Wanderung über herrliche Bergrücken mit einem fantastischen 360°-Panorama auf der Hohen Kugel.

ECKDATEN ZUR TOUR

AUSGANGSPUNKT	Kirche, Viktorsberg
ANFAHRT	**Mit öffentlichen Verkehrsmitteln:** Vom Bahnhof Sulz-Röthis mit dem Landbus 63 nach „Viktorsberg Kirche". **Mit dem PKW:** A14 Rheintal/Walgau Autobahn bis Klaus/Koblach bzw. Feldkirch Nord, L190 in Richtung Feldkirch, danach Richtung Röthis. Dort auf die Rautenastraße abbiegen und auf der Viktorsberger Straße nach Viktorsberg fahren. Es befinden sich Parkplätze bei der Kirche in Viktorsberg und in der Nähe der Bushaltestelle „Viktorsberg Hotel Viktor".
GEHZEIT	4 Std. 45 Min.
WEGSTRECKE	11,5 km
WEGVERLAUF	Viktorsberg – Letze – First – Treiet – Hohe Kugel (Priedlerweg – Alpe Priedler – Emser Hütte) – Pfarrers Älpele – Fluhereck – Ebnit
HÖHENUNTERSCHIED	Aufstieg: 900 m Abstieg: 700 m Tiefster Punkt: 866 m Höchster Punkt: 1645 m
SCHWIERIGKEIT	mittel
EINKEHRMÖGLICHKEITEN	Emser Hütte, Pfarrers Älpele
UNTERKÜNFTE	Hotel Alpenrose Ebnit, alternativ Emser Hütte

HÖHENPROFIL

Während das Rheintal im Nebel liegt, genießen die Wanderer die Sonne.

28

Über die Hohe Kugel nach Ebnit

Zwei beliebte Gipfel in nicht einmal fünf Stunden – das bietet die Etappe von Viktorsberg in das Dornbirner Bergdorf Ebnit. Nach einem Aufstieg durch den Wald hinter dem Kloster Viktorsberg befindet man sich bald auf einem grasigen Rücken, der „Langa Wies" – von hier bietet sich ein beeindruckender Blick auf den Rätikon. Ab diesem Punkt ist der First (1617 m) bereits erkennbar, der bald als erster Gipfel der Tour erreicht wird. Danach geht es kurz bergab, ehe der Anstieg zur Hohen Kugel (1645 m) folgt. Für viele Vorarlberger ist diese das ganze Jahr über ein beliebtes Wanderziel. Der unscheinbare Gipfel bietet einen großartigen Rundblick auf das Rheintal, die Schweizer Berge, den Bodensee, den Rätikon und das Bregenzerwald-Gebirge. Im Anschluss an das Genießen des Panoramas geht es abwärts in das Bergdorf Ebnit, das zu Dornbirn gehört. Beim Abstieg passiert man die Emser Hütte und Pfarrers Älpele, die sich für eine Einkehr anbieten.

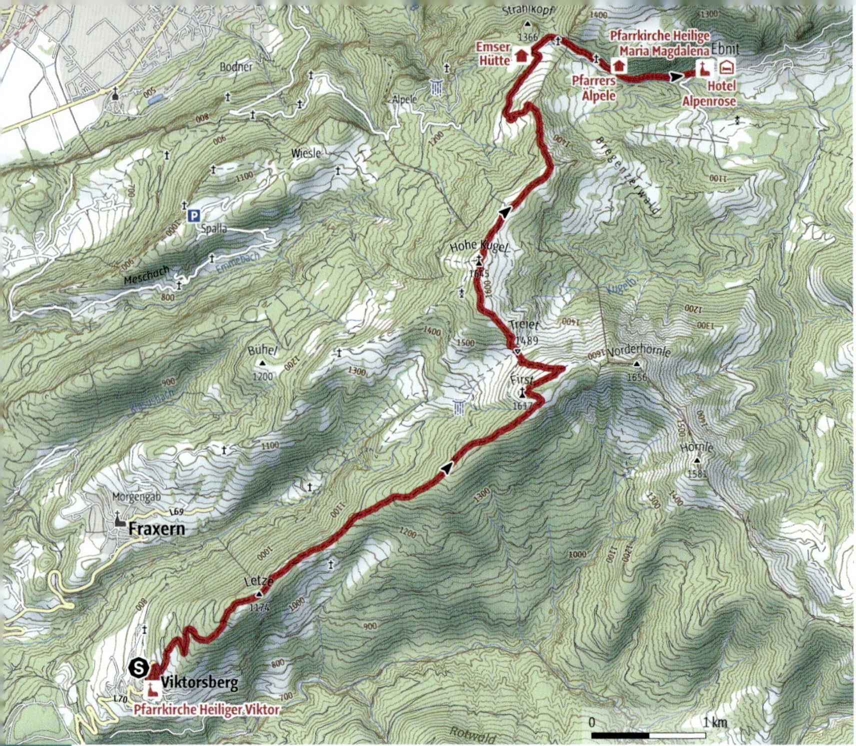

• • WISSENSWERTES

Multikulti-Land Vorarlberg

Die Vorarlberger Besiedelungsgeschichte ist seit der Landnahme durch die Alemannen ab dem 6. Jahrhundert und die langsame Verdrängung der Rätoromanen ziemlich stabil. Die Walser, die sich im 14. Jahrhundert in den Hochtälern ansiedelten, sorgten nochmals für eine gewisse Dynamik, blieben aber jahrhundertelang eher unter sich.

Die Alemannen stammen ursprünglich wohl aus einer Region an der Elbe. Sie unternahmen immer wieder Raubzüge ins Römische Reich. Ab 455 setzte eine Expansion ein, die Alemannen kamen ins heutige Schwaben, nach Vorarlberg und Danach die Schweiz, wo sie sich ansiedelten.

Wanderbewegungen gab es eher aus Vorarlberg hinaus: „Saisonarbeiter" wie die Bregenzerwälder Barockbaumeister und Handwerker suchten in der Fremde Arbeit, auch die „Schwabenkinder" wurden aus wirtschaftlichen Gründen als Arbeitskräfte in den süddeutschen Raum geschickt. Dazu kamen Auswanderungswellen in die neue Welt, etwa nach 1848 oder auch in den 1920er- und 30er-Jahren.

Mit der Industrialisierung des Landes und dem Bau der Arlbergbahn kamen dann zusehends „Fremde" ins Land. Italienischsprachige Arbeiter aus dem Trentino etwa, deren Nachkommen heute nur noch an ihren Namen erkennbar sind. Um 1900 lag der Anteil der italienischsprachigen Bevölkerung in Bludenz, Bürs, Hard und Kennelbach bei 20 bis 40 Prozent. Zudem gab es Zuwanderung aus deutschsprachigen Gebieten der Donaumonarchie. Während der NS-Herrschaft folgten viele Südtiroler dem Ruf „ins Reich", 11.000 Südtiroler wurden in eigens gebauten Südtiroler-Siedlungen untergebracht.

Unter dem Begriff Donaumonarchie fasst die Geschichtswissenschaft die europäischen Herrschaftsgebiete zusammen, die das Haus Habsburg vom ausgehenden Mittelalter bis 1918 direkt regierte. Die Staaten hatten ein gemeinsames Oberhaupt: Kaiser Franz Josef I. bis 1916 und Kaiser Karl I. bis zum Ende des Ersten Weltkriegs (1918).

Nach dem Zweiten Weltkrieg kam es zu einem raschen wirtschaftlichen Aufschwung, das führte erst zu einer Zuwanderung aus ärmeren Regionen Österreichs, etwa aus Kärnten oder der Steiermark. Dann wurde aktiv um Gastarbeiter aus Jugoslawien und der Türkei geworben, 1973 stellten diese 22 Prozent aller unselbstständig Beschäftigten im Land. Als Folge des Zerfalls Jugoslawiens kamen dann nochmals Menschen aus dieser Region ins Land.

Eine weitere Veränderung in der Bevölkerung brachte die EU-Osterweiterung, die Fachkräfte aus Ungarn, Polen, der Slowakei, Rumänien und Bulgarien ins Land lockte. Die größte Zuwanderergruppe stellt aber Deutschland. Fast 20.000 Menschen deutscher Staatsbürgerschaft leben in Vorarlberg. Die Industrie in Vorarlberg hat einen gewaltigen Pull-Effekt.

Die letzte größere Zuwanderung erfolgte im Zuge der Flüchtlingswelle ab 2015. Die am Höhepunkt der Krise errichteten Unterkünfte wurden mittlerweile zwar weitgehend aufgelassen, aber auch dieser Zuzug ist bis heute bemerkbar.

Beim Bau der Arlbergbahn kamen Arbeiter aus dem Osten der Monarchie nach Vorarlberg.

29 Von Ebnit aufs Bödele

• •

Komfortable und landschaftlich erlebnisreiche Ganztageswanderung bis aufs Bödele, das beliebte Naherholungsgebiet der Dornbirner.

ECKDATEN ZUR TOUR

AUSGANGSPUNKT	Kirche, Dornbirn-Ebnit
ANFAHRT	**Mit öffentlichen Verkehrsmitteln:** Vom Bahnhof Dornbirn mit dem Landbus 47 nach Ebnit. **Mit dem PKW:** A14 Rheintal/Walgau Autobahn bis Dornbirn Süd, Richtung Zentrum fahren, bei der Kreuzung B190/L190 den Schildern Richtung Karrenseilbahn folgen, von dort Richtung Gütle/Ebnit. Es befindet sich ein großer Parkplatz bei der Kirche bzw. beim Hotel Alpenrose.
GEHZEIT	7 Std.
WEGSTRECKE	18,4 km
WEGVERLAUF	Ebnit – Hackwald – Spätenbachalpe – Staufensee – (Abstecher: Staufensee-Rundweg) – Rappenlochschlucht – Gütle (Bushaltestelle) / Gütle – Eschenau – Kehlegg – Schauner – Schwende – (Abzweigung Nackweg) – Rickatschwende – Fohramoos – Bödele
HÖHENUNTERSCHIED	Aufstieg: 1000 m Abstieg: 920 m Tiefster Punkt: 505 m Höchster Punkt: 1157 m
SCHWIERIGKEIT	mittel
EINKEHRMÖGLICHKEITEN	Gasthof Gütle, Gasthaus Bad Kehlegg, Alpe Schwende
UNTERKÜNFTE	Berghof Fetz, Alpenhotel Bödele

HÖHENPROFIL

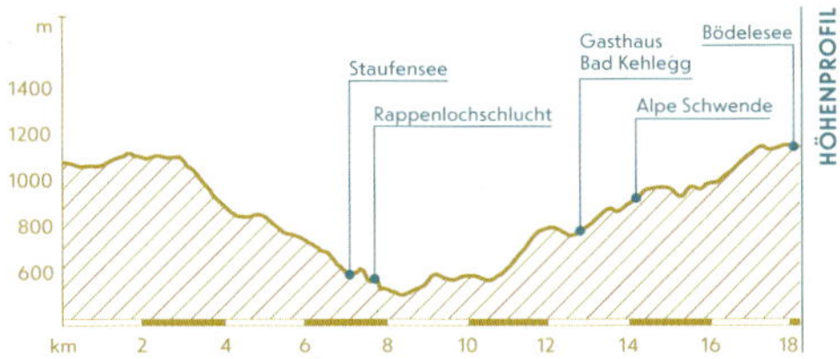

Die Wanderung durch die Alplochschlucht ist spektakulär.

29

Der Bödelesee mit seinem Moorwasser
ist ein beliebtes Ausflugsziel.

Herausfordernde Etappe im Hinterland von Dornbirn

29

Die Etappe von Ebnit aufs Bödele ist mit sieben oder mehr Stunden sehr lange und erfordert Ausdauer, technisch ist sie hingegen nicht schwer. Vom Bergdorf Ebnit wandert man abwärts in Richtung Hackwald und dann auf dem „Hoher Gang"-Weg bis zur Spätenbachalpe und zum Staufensee. Anschließend geht es wieder hinauf Richtung Kehlegg. Von dort weiter auf Wald- und Wiesenwegen zur Jausenstation „Alpe Schwende" und weiter auf leichten Wegen aufs Bödele. Kurz vor dem Bödele wird dabei das Natura-2000-Gebiet „Fohramoos" passiert, ein bemerkenswertes Hochmoor, das mit einer einzigartigen Flora und Fauna begeistert.

Die Etappe ist sehr lang und lässt sich daher alternativ gut in zwei Halbtagesetappen aufteilen. Beim Staufensee den Abstieg durch die eindrucksvolle Rappenlochschlucht ins Gütle wählen. Von dort mit dem Bus nach Dornbirn. Am nächsten Tag startet die zweite Halbetappe wieder vom Gütle und führt nach Kehlegg, wo die Originalroute wieder erreicht wird.

Schwefel
Haselstauden
Dornbirn
Rohrbach
Stadtgarten
Oberdorf
Romberg
Watzenegg
Heilenberg
Steinebach
Hatlerdorf
Mühlebach
Wallenmahd
Schwende Alpe
Gasthaus Bad Kehlegg
Kehlegg
Bödelesee
Oberer Geißkopf
Bödele
Fohramoos
Eixer
Hochälpele
Gütle
Gasthof Gütle
Rappenlochstadl
Rappenlochschlucht
Brentenkopf
Breitenberg
Staufen
Spätenbachalpe
Schwarzenberg
Hoher Knopf
Bocksberg
Schöner Mann
Ebnit
Pfarrkirche Heilige Maria Magdalena
Leuenkopf
Mörzelspitze
0
1 km

Mit der Textilindustrie begann es
Ab dem Hochmittelalter kam es in Vorarlberg zu einem starken Bevölkerungswachstum, die Menschen waren nicht mehr allein von der landwirtschaftlichen Produktion zu ernähren. Es kam im 16. und 17. Jahrhundert zu Wanderarbeiter-Bewegungen und gleichzeitig auch der Entwicklung von Gewerbe und Dienstleistungen. Im Rheintal und auch im Bregenzerwald wurde Flachs als Grundstoff für die Erzeugung von Leinengarn angebaut – die Vorboten für die textile industrielle Revolution.

Einen Innovationsschub für das Textilgewerbe brachte Mitte des 18. Jahrhunderts die Einführung der Baumwolle, die Leinenerzeugung ging in der Folge rasch zurück und hielt sich nur mehr für den Eigenbedarf. Als Nächstes folgte darauf die Massenlohnarbeit, in Form von Heimarbeit. Spinnen, Weben und Sticken wurde von vielen betrieben. Auftraggeber waren vor allem Unternehmer aus der Schweiz. Bald entstanden aber auch Manufakturen, wo Massenhandarbeit betrieben wurde. Diese Arbeit war schlecht bezahlt, dennoch stieg der Wohlstand, was für eine weitere Bevölkerungszunahme sorgte.

Die Lohnarbeit ist heute selbstverständlich. Historisch war aber vor allem die zumindest teilweise Subsistenzversorgung vorherrschend, also die Eigenversorgung. Die selbst erzeugten Produkte wurden für andere Waren getauscht oder verkauft.

Die Industrialisierung veränderte Vorarlberg nachhaltig.

Blick ins Rheintal

Getzner, Mutter & Cie. wurde 1818 gegründet. Das Unternehmen betrieb Spinnereien, Webereien und Färbereien und beschäftigte bereits 1820 an die 3000 Heimarbeiterinnen. Getzner Textil und Getzner Werkstoffe sind bis heute wichtige Arbeitgeber im Land.

1813 wurde in Dornbirn von der Firma Rhomberg und Lenz die erste mechanische Spinnerei errichtet, 1814 dann die erste chemische Bleiche und 1825 die erste mechanische Weberei (beide im Besitz von Karl Ulmer in Dornbirn-Schwefel). In der Folge kam es rasant zur Gründung von Webereien, Stickereien und weiteren Veredelungsbetrieben. Um 1850 gab es vier große Unternehmen im Land, Getzner, Mutter & Cie. in Bludenz gibt es bis heute.

29

Aus dem Trentino kamen in der zweiten Hälfte des 19. Jahrhunderts besonders viele Zuwanderer. Um 1900 lag der Anteil der italienischsprachigen Bevölkerung mancherorts bei 20 bis 40 Prozent. Die Familiennamen der Nachkommen erinnern bis heute daran.

Im Zuge der Industriellen Revolution wurde die Wasserkraft immer intensiver genutzt. Nach dem Bau der Arlbergbahn wurde auch Kohle für Dampfturbinen eingesetzt und später kam es zum Einsatz von elektrischem Strom. Die Industrialisierung war nicht mehr zu stoppen. Die großen Fabrikanten schufen eigene Werkssiedlungen, Arbeiter aus dem Trentino und anderen nicht industrialisierten Gebieten der Donaumonarchie kamen nach Vorarlberg.

Heute werden viele der alten Industrieareale neu genutzt – sie dienen als Gewerbeparks, Museen, sind in Einkaufsstraßen integriert oder wurden zu Wohnanlagen umgebaut. Die Textilindustrie hat sich mit der Stickerei vor allem in Lustenau gehalten, aber an Bedeutung verloren. Vorarlberg ist aber immer noch ein Industrieland – Weltmarktführer in Marktnischen und unterschiedlichen Branchen haben hier ihren Sitz.

30 Vom Bödele nach Bildstein

• •

Beschauliche Wanderung durch Wälder und über Wiesen vom Dornbirner Naherholungsgebiet Bödele bis nach Bildstein mit seiner bekannten Basilika.

ECKDATEN ZUR TOUR

AUSGANGSPUNKT	Passhöhe Dornbirn-Bödele
ANFAHRT	**Mit öffentlichen Verkehrsmitteln:** Vom Bahnhof Dornbirn mit dem Landbus 38 nach „Schwarzenberg Bödele". **Mit dem PKW:** A14 Rheintal/Walgau Autobahn bis Dornbirn Nord, Richtung Stadtzentrum und weiter auf einer Passstraße für ca. 15 km in Richtung Bödele. Es befindet sich ein großer, kostenpflichtiger Parkplatz am Bödele.
GEHZEIT	5 Std.
WEGSTRECKE	14,6 km
WEGVERLAUF	Bödele – über Breitentobelalpe – Greban – Brüggelekopf – Alberschwende (Talstation Brüggelelift) – Alberschwende (Ortsmitte) – Oberbildstein – Kapf – Bildstein (Höhenweg) – Bildstein Kirche
HÖHENUNTERSCHIED	Aufstieg: 450 m Abstieg: 930 m Tiefster Punkt: 657 m Höchster Punkt: 1182 m
SCHWIERIGKEIT	mittel
EINKEHRMÖGLICHKEITEN	Alpengasthof Brüggele, in der Ortschaft Alberschwende
UNTERKÜNFTE	in Bildstein (Seite 173)

HÖHENPROFIL

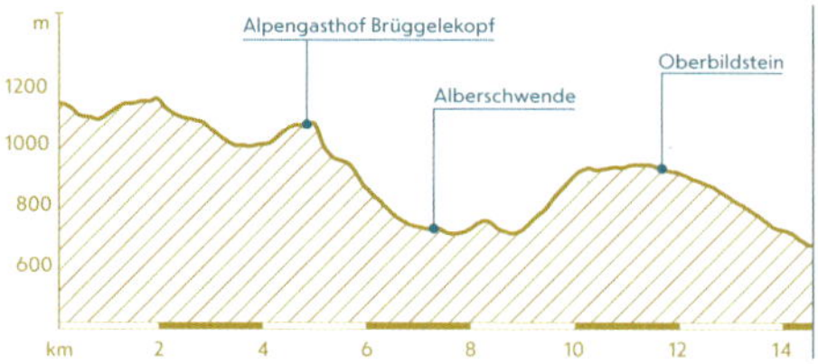

Das Alpgebiet Bödele, oberhalb von Dornbirn und Schwarzenberg im Bregenzerwald gelegen, ist ein beliebtes Naherholungsgebiet. Früher war das Bödele eine Vorsäß-Siedlung, heute stehen dort vorwiegend aus Holz gebaute Ferienhäuschen.

Wanderung mit Blick auf den Bregenzerwald und das Rheintal

Die vorletzte Etappe der Wanderung rund um Vorarlberg führt in etwa fünf Stunden ohne große Herausforderungen vom Bödele nach Bildstein.

Der erste Abschnitt führt mal leicht abwärts, dann wieder aufwärts über Wiesen- und Waldwege zum Brüggelekopf (1182 m). In der Folge dann über Kaltenbrunnen hinunter in die Bregenzerwälder Gemeinde Alberschwende. Danach geht es bald wieder etwas bergauf, der Weg führt erst nach Oberbildstein und dann ins Wallfahrtsdorf Bildstein. Bei der frühbarocken Wallfahrtskirche endet die Etappe, von hier kann man einen Traumblick auf das Rheintal und den Bodensee genießen. Unweit der Basilika finden sich auch schöne Gasthäuser, die ebenfalls mit viel Aussicht punkten können.

• • WISSENSWERTES

Das Rheintal – ein urbanes Tal

Zwei Drittel der Vorarlberger leben im Rheintal: 240.000 Menschen von Feldkirch im Süden bis nach Bregenz am nördlichen Ende des Vorarlberger Rheintals. Mit Ausnahme der Kleinstadt Bludenz liegen im Rheintal die Städte des Landes (Bregenz, Dornbirn, Hohenems, Feldkirch) und mit Lustenau auch die größte Marktgemeinde Österreichs. Der Blick von oben aufs Rheintal (den man auf einigen Etappen genießen kann) zeigt, dass die Grenzen zwischen den 29 Rheintalgemeinden meist kaum mehr erkennbar sind. Vielmehr ist von Feldkirch bis Bregenz ein geschlossenes Siedlungsband entstanden.

Mit 50.000 Einwohnern ist Dornbirn die größte Stadt Vorarlbergs. 1901 zur Stadt erhoben, besteht Dornbirn aus ursprünglich vier verschiedenen Stadtteilen, die jeweils eigene lokale Zentren haben. Trotzdem bilden sie schon immer eine zusammengehörende Gemeinde.

Deshalb ist das Rheintal in vielerlei Hinsicht als eine urbane Zone zu betrachten. Heute fahren die Züge im Tal im 15-Minuten-Takt und sind auf ein dichtes Busnetz abgestimmt. Die Bewohner des Rheintals sind mobiler geworden. Einzelne Gemeinden des Tals dienen als Wohngemeinden, von hier aus pendeln die Menschen in andere Gemeinden und die Zentren, allen voran Dornbirn, um zu arbeiten oder das reichhaltigere Kultur- und Freizeitangebot der Städte zu nutzen. Das führt auch dazu, dass der Verkehr auf der Rheintalautobahn morgens und abends sehr dicht geworden ist – die „Stadtautobahn" wird immer wieder an ihre Grenzen gebracht.

Wirtschaftlich ist das Rheintal ebenfalls der Motor Vorarlbergs: In 12.000 Betrieben arbeiten an die 110.000 Menschen. Es gibt internationale Großkonzerne, die hier den Sitz haben: so etwa der Beschlägehersteller Blum, die Licht-Experten von Zumtobel, der Seilbahnbauer Doppelmayr, der Beschlägehersteller Grass oder die Verpackungsspezialisten von Alpla. Sie sind vielfach als „Hidden Champions" Weltmarktführer in ihrer Branche.

Als Hidden Champions – ins Deutsche am besten mit „unbekannte Weltmarktführer" übersetzt – gelten eher unbekannte größere Unternehmen mit mehr als 500 Mitarbeitern und über 50 Mio. Euro Umsatz, die in ihrer Branche Weltmarktführer sind.

Beim Blick von oben fällt aber auch viel Grün auf. Weite Ried- und Aulandschaften sind bis heute erhalten geblieben und dienen als grüne Lunge des Rheintals. Die politischen Bemühungen gehen auch dahin, diese Grünzonen zu bewahren, mittlerweile wird jeder Eingriff kritisch beäugt und hinterfragt.

30

31 Von Bildstein nach Bregenz

• •

Behagliche Wanderung von Bildstein über einen Waldlehrpfad hinab ins Rheintal und am Bodenseeufer entlang bis nach Bregenz.

ECKDATEN ZUR TOUR

AUSGANGSPUNKT	Kirche, Bildstein
ANFAHRT	**Mit öffentlichen Verkehrsmitteln:** Vom Bahnhof Schwarzach mit dem Bus 45 nach „Bildstein Dorfplatz". **Mit dem PKW:** A14 Rheintal/Walgau Autobahn bis Dornbirn Nord, danach auf der L200 in Richtung Bregenzerwald bis zur Abzweigung Schwarzach. Ab dort der Beschilderung in Richtung „Barockkirche Bildstein" folgen. Es befinden sich Parkplätze bei der Wallfahrtskirche und beim Gasthof Ochsen.
GEHZEIT	4 Std. 15 Min.
WEGSTRECKE	14,1 km
WEGVERLAUF	Bildstein – Waldlehrpfad – Bereuter Dreiländerblick – Ebne – Wolfurt – (Sportplatz) – Kennelbach – Achbrücke Wolfurt – Spielplatz an der Ach – Achbrücke Weidach – Bregenz-Weidach – Bregenzerach-Mündung (Achweg) – Achmündungsrundweg – Mehrerau – Bregenz Bahnhof
HÖHEN-UNTERSCHIED	Aufstieg: 110 m Abstieg: 400 m Tiefster Punkt: 396 m Höchster Punkt: 759 m
SCHWIERIGKEIT	leicht
EINKEHR-MÖGLICHKEITEN	Gasthaus Dreiländerblick, in Wolfurt und in Bregenz
UNTERKÜNFTE	in Bregenz (Seite 173)

HÖHENPROFIL

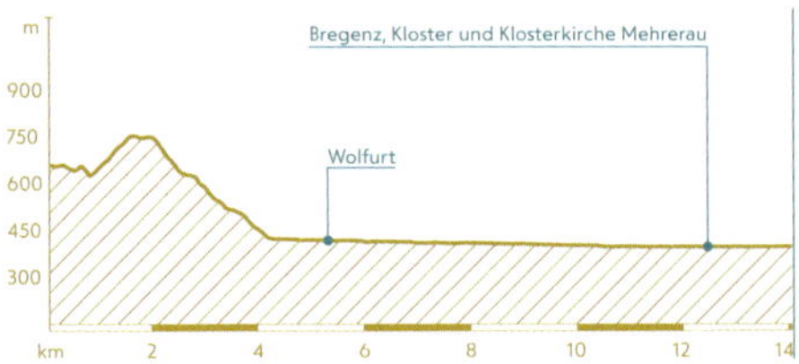

Auf der letzten Etappe wandert man eine
Zeit lang an der Bregenzerache entlang.

31

Am Bodensee entlang nach Bregenz zurückkehren

Eine halbtägige Wanderung steht am letzten Tag der Rundwanderung um Vorarlberg am Programm. Trotz der Kürze bietet die Etappe nochmals sehr viel Abwechslung. Im Wallfahrtsort Bildstein lockt ein letztes Mal die grandiose Aussicht über das Rheintal. In Bildstein steigt der Weg erst kurz an, ehe man auf dem weiß-rot-weiß markierten Waldlehrpfad zum Rickenbach absteigt, der auf einer Brücke überquert wird. Über die Ippachebene kommt man in der Folge nach Wolfurt, ab hier wandert man entlang der Bregenzerache, erst auf der Wolfurter dann auf der Bregenzer Seite, bis zu deren Mündung in den Bodensee. Hier werden dann am Strandweg mehrere Badestellen passiert. Im Sommer kann die Wassertemperatur bis zu 25 Grad erreichen (im Schnitt liegt sie im Juli bei 20 Grad) – eine Abkühlung bietet sich an. Kurz vor dem Festspielhaus geht es vorbei am Kloster Mehrerau, dessen Wurzeln bis ins Jahr 1083 zurückreichen. Kurz danach ist das Festspielhaus Bregenz erreicht – der Kreis schließt sich. Vorarlberg ist umwandert.

Der Bodensee ist ein Paradies für Segler. Ein eigenes Boot am See zu haben, ist der Traum vieler Vorarlberger.

Auf den letzten Kilometern von „Min Weag" geht es am Bodensee entlang.

Am Bodensee: Um die Verlandung beim Rheindelta zu verhindern, leitet ein Vorstreckungskanal Schlamm und Geschiebe des Alpenrheins in die Seemitte.

• • WISSENSWERTES

31

Die Bodenseeregion – vier Länder, ein Lebensraum

Auf der Runde um Vorarlberg, die „Min Weag" ausmacht, steht Vorarlberg im Fokus. Grenzüberschreitungen nach Deutschland, Tirol, die Schweiz und in das Fürstentum Liechtenstein kommen aber vor. Diese Überschreitungen spielen im Zusammenleben in der Region auch eine wichtige Rolle. Mit Tirol ist Vorarlberg historisch eng verbunden, dadurch dass Vorarlberg lange von Innsbruck aus verwaltet wurde und beide Länder Teil der Republik Österreich sind.

Aber wirtschaftlich und im Alltag sind die Verbindungen zu den Nachbarstaaten Deutschland, Schweiz und Liechtenstein entscheidend. 1997 wurde diese enge Verflechtung mit der Gründung der Euregio Bodensee verstärkt. Wirtschaftlich gibt es schon lange einen starken Austausch der grenznahen Regionen. Gerade der Bodensee dient hier als verbindendes Element. Vorarlberger arbeiten in der Schweiz, in Liechtenstein und auch im süddeutschen Raum. Die Klein- und Mittelbetriebe beschränken ihre Tätigkeiten ebenfalls nicht nur auf Vorarlberg, sondern denken über diese Grenzen hinaus. Es gibt gemeinsame Verbundkarten für Bahn, Bus und

1997 schlossen sich deutsche Landkreise und Schweizer Kantone, die an den Bodensee angrenzen oder im Umland liegen, sowie Vorarlberg und Liechtenstein zur Euregio Bodensee zusammen. In dieser Europaregion leben insgesamt vier Millionen Menschen.

Bodenseeschifffahrt (Bodensee-Tickets), im Rahmen des Drei-Länder-Marathons werden sportlich alle Bodensee-Anrainerstaaten erlaufen und auch die regulären Zugverbindungen der ÖBB reichen von Buchs (CH) über Schaan-Vaduz (LIE) und Feldkirch bzw. von St. Margrethen (CH) bis Bregenz und Lindau (D).

Das Schengener Abkommen regelt die Abschaffung stationärer Grenzkontrollen zwischen den Mitgliedsstaaten des Abkommens. Den Kern bildet ein Großteil der EU-Staaten, aber auch Island, Norwegen, die Schweiz und Liechtenstein sind Teil davon.

1999 wurden im Rahmen des Schengen-Abkommens die Grenzkontrollen zwischen Deutschland und Österreich abgebaut, 2004 trat die Schweiz dem Abkommen bei – seither sind auch die Grenzen zur Schweiz und zum Fürstentum Liechtenstein, dessen Grenzen von der Schweiz kontrolliert werden, offen. Es empfiehlt sich dennoch, stets einen gültigen Personalausweis oder Reisepass mitzuführen.

31

Diese enge Verflechtung zeigt sich auch im Alltag. Die größte Gruppe unter den Ausländern in Vorarlberg bilden deutsche Staatsbürger, über 25.000 leben in Vorarlberg. Dazu kommen Tagestouristen. An den Wochenenden kommen viele Schweizer nach Vorarlberg. Sie schätzen die Vorarlberger Gastfreundschaft und gehören deshalb zu den wichtigen Gästen im Tourismus.

Natürlich zieht es auch die Vorarlberger über die Grenzen – und das nicht nur zur Arbeit. Einkaufen und Tagesausflüge gehören für viele dazu. Wer am Rhein mit dem Fahrrad unterwegs ist, wechselt immer wieder die Seite – und damit auch das Land. Die Grenzen haben, zusammengefasst gesagt, in vielerlei Hinsicht ihre Bedeutung verloren.

ANHANG

Die gesammelten Infos für ein sicheres und bequemes Wandererlebnis

SERVICEREGISTER

Alles, was man unterwegs braucht

Notrufe:

140 **Alpine Notfälle österreichweit**
144 **Alpine Notfälle Vorarlberg**
112 **Euro-Notruf** *(funktioniert mit jedem Handy/sogar ohne Netz: Handy ab- und wieder einschalten, dann statt des PIN-Codes die Notrufnummer eingeben)*

www.vorarlberg.travel/sicherheitstipps

Wanderführer:

Sicher unterwegs auf „Min Weag" mit den Vorarlberger Wanderführern. Mit ihren Geschichten und dem vielfältigen Wissen über die Welt der Berge öffnen die Vorarlberger Wanderführer die Augen für die herrliche Naturwelt Vorarlbergs. Darüber hinaus bieten sie eine professionelle Tourenplanung und sorgen für die nötige Sicherheit.
www.bergpartner.at/wanderfuehrer

Übernachtungen:

Es wird empfohlen, sich vor Tourbeginn über die Öffnungszeiten/Einkehr-/Übernachtungsmöglichkeiten auf den Alphütten und die Betriebszeiten der Bergbahnen zu informieren.

Hinweis: Bei den Unterkünften wird dringend eine Reservierung empfohlen. In der Hauptsaison können in den Etappenorten und den Unterkunftsmöglichkeiten Engpässe entstehen. In den meisten Orten besteht die Möglichkeit, sich mit Lebensmitteln einzudecken. Lunchpakete können teilweise auf Anfrage in den Unterkünften bezogen werden.

Apps:

- **Vorarlberg App – Urlaub & Freizeit:** Alle Touren und Unterkünfte im Überblick, viele Infos, Tipps und Tricks rund um das Wandern in Vorarlberg
- **ÖBB Scotty:** Fahrplanauskunft und Routenplaner für öffentliche Verkehrsmittel
- **cleVVVer mobil:** Fahrplanauskunft und Routenplaner für öffentliche Verkehrsmittel, Schwerpunkt Vorarlberg
- **alpenvereinaktiv:** Zum Suchen und Erkunden von Touren und Unterkünften

Wandern mit Bus, Taxi und Bahn

Öffentliche Verkehrsmittel:
www.vmobil.at
www.vvt.at
www.oebb.at
www.bahn.de
www.sbb.ch

Taxi:

ETAPPE 5

Nach Sippersegg (Hittisau) geht es neben dem Bus 46 (Bregenz–Oberstdorf) nur mit dem Taxi:

Hagspiel Touristik
Windern 410, A-6952 Hittisau
T +43 55 13 63 35
Taxi bitte einen Tag vorher reservieren.

ETAPPE 23

Auf der Straße in den Nenzinger Himmel herrscht ein allgemeines Fahrverbot. Dorthin gelangt man nur zu Fuß oder mit einem Taxi:

Nenzingerhimmelbus
Anton Gantner
T +43 55 25 62 217
E office@nenzingerhimmel.at
www.nenzingerhimmel.at

Lisi & Friedl Touristik
T +43 55 25 62 594
E info@wanderbus.at
www.wanderbus.at

Parkmöglichkeiten

- **In der Stadt Feldkirch:** Infos dazu finden Sie auf *https://bit.ly/2uaihnw* oder direkt über den QR-Code.
- **In der Stadt Bregenz:** Infos dazu finden Sie auf *https://bit.ly/323hWzn* oder direkt über den QR-Code.

Touren zu den Ausgangspunkten:

ETAPPE 12

So gelangt man zur
Stuttgarter Hütte:
Infos dazu finden Sie auf
https://bit.ly/2wETGIb
oder direkt über den QR-Code.

ETAPPE 13

So gelangt man zur
Kaltenberghütte:
Infos dazu finden Sie auf
https://bit.ly/382s5xE
oder direkt über den QR-Code.

ETAPPE 14

So gelangt man zur
Konstanzer Hütte:
Infos dazu finden Sie auf
https://bit.ly/2VoM079
oder direkt über den QR-Code.

ETAPPE 17

So gelangt man zur
Saarbrücker Hütte:
Infos dazu finden Sie auf
https://bit.ly/32thjiE
oder direkt über den QR-Code.

ETAPPE 18

So gelangt man zur
Tübinger Hütte:
Infos dazu finden Sie auf
https://bit.ly/2w0G2il
oder direkt über den QR-Code.

ETAPPE 20

So gelangt man zur
Tilisunahütte:
Infos dazu finden Sie auf
https://bit.ly/32BWiCR
oder direkt über den QR-Code.

ETAPPE 21

So gelangt man zur
Lindauer Hütte:
Infos dazu finden Sie auf
https://bit.ly/2HRSIAj
oder direkt über den QR-Code.

Respektiere deine Grenzen

Mit der Initiative „Respektiere deine Grenzen" appelliert Vorarlberg an Wanderer, sich sowohl im Sinne des Umweltschutzes als auch auf die eigene Sicherheit bedacht zu verhalten. Dazu gehört auch das Respektieren der Schutzzonen.
www.respektiere-deine-grenzen.at

EINKEHR- UND ÜBERNACHTUNGSMÖGLICHKEITEN NACH ETAPPEN

Hinweis: Bitte informieren Sie sich vor Tourenbeginn über die Öffnungszeiten, Einkehr- und Übernachtungsmöglichkeiten. Diese können von Jahr zu Jahr variieren.

ETAPPE 1

Einkehrmöglichkeiten:
Berghaus Pfänder
Familie F. Kinz
A-6911 Lochau
T +43 55 74 42 184
www.pfaender.at/gastronomie/pfaenderspitze
Geöffnet: Mitte Mai bis Mitte September täglich von 9:30 bis 18:30 Uhr

Einkehr- und alternative Übernachtungsmöglichkeit:
Gasthaus Pfänderspitzhütte
Anja Küng
Pfänder 5, A-6911 Lochau
T +43 55 74 43 066
www.pfaender.at/gastronomie/pfaenderspitze
Geöffnet: ganzjährig
Ruhetag: Donnerstag und Freitag

Alpengasthof Schwedenschanze
Familie Gerhard Schwarz
Pfänder 19, A-6911 Lochau
T +43 55 74 42 024
E thomas.gerhard@aon.at
www.schwedenschanz.at
Geöffnet: ganzjährig, Dienstag bis Sonntag
Ruhetag: Montag

Pfänderalp
Eric Widerin
Pfänder 31, A-6911 Lochau
T +43 55 74 46 186 oder +43 664 95 66 409
E sued@pfaenderalp.at
www.pfaenderalp.at
Geöffnet: ganzjährig
Ruhetag: Dienstag und Mittwoch

Übernachtungsmöglichkeit:
Gasthaus Moosegg
Moosegg 1, A-6911 Lochau
T +43 55 74 58 696
E info@moosegg.eu
www.moosegg.eu
Geöffnet: ganzjährig
Ruhetag: Montag Ruhetag

ETAPPE 2

Einkehrmöglichkeiten:
Gomm's Raststüble
Othmar und Patrizia Gomm
Jungholz 38, A-6911 Eichenberg
T +43 55 74 48 518 oder +43 664 461 6483
E raststueble@gmx.at

www.eichenberg-bodensee.at/Freizeit_Tourismus/Ihre_Gastgeber/Hotels_und_Gasthoefe
Geöffnet: ganzjährig
Ruhetag: Mittwoch und Donnerstag

Hirschberghütte
Familie Verena Winsauer
Hirschberg 124, A-6932 Langen
T +43 664 48 69 760
www.langen.at/hirschberghuette
Geöffnet: ab 1. Juni bis Mitte September

Einkehrmöglichkeit und alternative Übernachtungsmöglichkeit
Gasthaus Krone Thal
Brigitte und Fritz Vetterl
Thal 27, A-6934 Sulzberg
T +43 55 75 20 030
E gasthaus.krone@vol.at
www.krone-thal.at
Geöffnet: ganzjährig, Mittwoch bis Samstag
Ruhetag: Montag und Dienstag

Übernachtungsmöglichkeiten in Sulzberg:
Tourismusbüro Sulzberg
Dorf 1, A-6934 Sulzberg
T +43 55 16 22 13 10
E tourismus@sulzberg.at
www.sulzberg-bregenzerwald.com

ETAPPE 3

Einkehrmöglichkeiten:
Stuiner's Einkehr
Franz und Brigitte Giselbrecht
Stein 100, A-6934 Sulzberg
T +43 55 16 28 18
E info@stuiners.at
www.stuiners.at
Geöffnet: Ostern bis Ende Oktober
Ruhetag: Montag bis Donnerstag

Alpe Moos
Alpe Moos 170, A-6943 Riefensberg
T +43 664 28 14 917
E info@alpe-moos.at
www.pferdeschlittenfahrt.at
Geöffnet: Anfang Mai bis Anfang November
Ruhetag: Mittwoch

Übernachtungsmöglichkeit:
Almhotel Hochhäderich
Familie Steurer
Hochhäderich 300, A-6943 Riefensberg
T +43 55 13 82 540
E office@alm-hotel.at
www.alm-hotel.at
Geöffnet: durchgehend
Ruhetag (im Sommer): Montag und Dienstag

Alternative Übernachtungsmöglichkeiten:
siehe Etappe 4

ETAPPE 4

Einkehrmöglichkeit für Etappe 4 oder alternative Übernachtungsmöglichkeit für Etappe 3:

Berggasthaus Hochhäderich
Familie Bilgeri
Hochhäderich, A-6952 Hittisau
Postadresse: Hof 234, A-6951 Lingenau
T +43 664 92 22 410
E info@hochhaederich.info
www.hochhaederich.info
Geöffnet: Anfang Juni bis Ende Oktober
Ruhetag: Mittwoch
Bei Übernachtung Vorreservierung notwendig. Dem Wegverlauf der Etappe 4 noch ca. 1 Std. 30 Min. folgen.

Einkehrmöglichkeit und alternative Übernachtungsmöglichkeit *(liegt auf der Etappe, aber nicht am Etappenziel):*

Staufner Haus
Lukas und Katka Zeman
Lanzenbach 4, D-87534 Oberstaufen
T +49 83 86 82 55
E staufner-haus@gmx.de
www.staufner-haus.de
Geöffnet: Anfang Mai bis Mitte/Ende Oktober durchgehend

Übernachtungsmöglichkeit:
Alpengasthof Höfle
Familie Reiner
Lecknertal 173, A-6952 Hittisau
T +43 664 49 56 022
www.hoeflegasthof.com
Geöffnet: Mitte Mai bis Mitte Oktober
Ruhetag: Montag Ruhetag

Hinweis: Alternativ befinden sich auch Unterkünfte in Hittisau (siehe Etappe 5). Um dorthin zu kommen, muss unbedingt am Vortag ein Taxiservice bestellt werden (Seite 166).

ETAPPE 5

Einkehrmöglichkeit:
Alpe Hochleckach
Familie Winder
Hochleckach 281, A-6952 Hittisau
T +43 55 13 27 57 oder +43 664 78 23 346
E j.winder@gmx.at
Geöffnet: von Ende Mai bis Mitte September

Übernachtungsmöglichkeit:
Ferienhof Sonne
Thomas und Birgit Lipburger
Sippersegg 270, A-6952 Hittisau
T +43 55 13 62 35
www.urlaubambauernhof.at/hoefe/ferienhof-sonne

Alternative Übernachtungsmöglichkeiten in Hittisau:
Tourismusbüro Hittisau
Platz 370, A-6952 Hittisau

T +43 55 13 62 09 250
E tourismus@hittisau.at
www.hittisau.at/urlaub-freizeit/unterkuenfte/ihre-gastgeber
Der Ort Hittisau ist von Sippersegg aus erreichbar via Bus 46 Bregenz–Oberstdorf oder per Taxifahrt nach Hittisau mit Hagspiel Touristik, T +43 55 13 63 35, Taxifahrt bitte 1 Tag vorher reservieren.

Weitere alternative Übernachtungsmöglichkeiten: siehe Etappe 6

ETAPPE 6

Einkehrmöglichkeiten:
Alpe Gerisgschwend
Familie Josef und Maria Schwärzler
Gerisgschwend 282, A-6952 Hittisau
Postadresse: Eschach 3, A-6951 Lingenau
T +43 664 89 43 220 oder +43 664 49 13 136
E josef.schwaerzler@gmx.at
www.gerisgschwend.at
Geöffnet: Mitte Mai bis Ende September

Alpe Lappach
Familie Hagspiel
Hnr. 42, D-87538 Balderschwang
T +49 83 28 92 40 02
Geöffnet: Juni bis September

Einkehrmöglichkeiten für Etappe 6 und alternative Übernachtungsmöglichkeiten für Etappen 5 und 6:
Burgl-Hütte
Güntle 302, A-6952 Hittisau
T +49 15 15 79 89 645
E huettenteam@burglhuette.de
www.burglhuette.de
Geöffnet: Ende Mai bis Mitte September
Ruhetag: Montag und Dienstag
Dem Wegverlauf der Etappe 6 ca. 3 Std. folgen.

Bergrast Wildries
Renate Wild
Wildries 101, A-6952 Sibratsgfäll
T +43 664 9989608
E wildries@hotmail.com
www.wildries.at
Geöffnet: Mitte Mai bis Ende Oktober
Ruhetag: Mittwoch
Dem Wegverlauf der Etappe 6 ca. 3 Std. 45 Min. folgen.

Übernachtungsmöglichkeiten in Sibratsgfäll:
Tourismusbüro Sibratsgfäll
Dorf 18, A-6952 Sibratsgfäll
T +43 55 13 21 21
E info@sibra.at
www.sibra.at

ETAPPE 7

Einkehrmöglichkeit:
Bilgeris Krähenberg
Edelbert Bilgeri
Krähenberg 122, A-6952 Sibratsgfäll
T +43 55 13 22 89

Übernachtungsmöglichkeit:
Jagdgasthaus Egender
Mariette und Hubert Egender
Schönenbach 342, A-6870 Bezau
T +43 664 24 40 447
E info@jagdgasthaus-egender.at
www.jagdgasthaus-egender.at
Geöffnet: Anfang Mai bis Ende Oktober
Ruhetag: Montag

ETAPPE 8

Einkehrmöglichkeit:
Ifenhütte
Familie Diener
A-6992 Hirschegg
T +43 55 17 52 74-59 23
E info@ifenhuette.at
www.ifenhuette.at
Geöffnet: Ende Juni bis Mitte Oktober

Sonna-Alp
Familie Riezler
Walserstraße 376a, A-6993 Mittelberg
T +43 55 17 32 38 32
www.sonna-alp.at
Talstation Zaferna: Walserstraße 376a,
T +43 676 96 52 244
E wolfram.riezler@sonna-alp.at
www.talstation-zaferna.com
Geöffnet: bis Ende Oktober

Einkehrmöglichkeit und alternative Übernachtungsmöglichkeit *(liegt auf der Etappe, aber nicht am Etappenziel):*

Auenhütte
Tanja und Christoph Bantel
Auenalpe 1, A-6992 Hirschegg
T +43 55 17 52 65
E info@auenhuette.at
www.auenhuette.at
Geöffnet: Ende Mai bis Mitte Oktober
Ruhetag: Montag

Übernachtungsmöglichkeiten in Mittelberg:
Kleinwalsertal Tourismus eGen
Walserstrasse 264, A-6992 Hirschegg
T +43 55 17 51 140
E info@kleinwalsertal.com
www.kleinwalsertal.com

ETAPPE 9

Einkehrmöglichkeiten:
Bärgunthütte
Sabine Ott
Walserstraße 382, A-6993 Mittelberg-Baad
T +43 664 31 10453
E info@baergunthuette.at
www.baergunthuette.de
Geöffnet: Anfang Mai bis Anfang November

Übernachtungsmöglichkeit:
Hotel Adler
Familie Strolz
A-6767 Warth
T +43 55 83 42 64

E info@hoteladler.at
www.hoteladler.at
Restaurant ist im Sommer geschlossen.

Alternative Übernachtungsmöglichkeit:
Hotel Jägeralpe GmbH
Hochkrumbach 5, A-6767 Warth
T +43 55 83 42 50
E hotel@jaegeralpe.at
www.jaegeralpe.at
Geöffnet: Mitte Juni bis Anfang Oktober täglich *(Hinweis: zusätzlich ca. 25 Min. in Richtung Osten.)*

Alternative Übernachtungsmöglichkeiten in Warth:
Warth-Schröcken Tourismus
Hnr. 32, A-6767 Warth
T +43 55 83 35 150
E info@warth-schroecken.com
www.warth-schroecken.com
Der Ort Warth ist erreichbar via Bus 40a Schoppernau–Lech.

Weitere alternative Übernachtungsmöglichkeit: siehe Etappe 10

ETAPPE 10

Einkehrmöglichkeit für Etappe 10 und alternative Übernachtungsmöglichkeit für Etappe 9:
Berghotel Körbersee
Familie Schlierenzauer
Körbersee 75, A-6888 Schröcken
T +43 55 19 265
E hotel@koerbersee.at
www.koerbersee.at
Geöffnet: Mitte Juni bis Anfang Oktober täglich
Dem Wegverlauf der Etappe 10 ca. 1 Std. folgen.

Einkehrmöglichkeit:
Auenfelder Hütte
Martin Jochum
T +43 664 41 11 251
E info@auenfelder.at
www.auenfelder.at
Geöffnet: Ende Juni bis Mitte Oktober
Ruhetag: Mittwoch

Untere Aufenfeldalpe

Übernachtungsmöglichkeiten in Lech am Arlberg:
Lech Zürs Tourismus
Dorf 2, A-6764 Lech
T +43 55 83 21 61-0
E info@lechzuers.com
www.lechzuers.com

ETAPPE 11

Einkehrmöglichkeit:
Panoramarestaurant Rüfikopf
A-6764 Lech
T +43 55 83 23 36 278
E restaurant@ruefikopf.at
www.ruefikopf.at
Geöffnet: von Juni bis Oktober

Übernachtungsmöglichkeit:
Stuttgarter Hütte
A-6763 Zürs
T +43 676 758 0250 oder +43 55 83 34 12
E stuttgarterhuette@alpenverein-schwaben.de
www.alpenverein-schwaben.de/huetten/stuttgarter-huette
Geöffnet: Mitte/Ende Juni bis Ende September

ETAPPE 12

Einkehr- und alternative Übernachtungsmöglichkeit *(liegt auf der Etappe, aber nicht am Etappenziel):*

Ulmer Hütte
Postfach 105, A-6580 St. Anton am Arlberg
T +43 54 46 30 200
E info@ulmerhuette.at
www.ulmerhuette.at
Geöffnet: Anfang Juli bis Mitte September

Übernachtungsmöglichkeit:
Kaltenberghütte
DAV – Sektion Reutlingen
Hnr. 9, A-6762 Stuben am Arlberg
T +43 55 82 790 oder +43 664 55 07 500
E info@kaltenberghuette.at
www.kaltenberghütte.at
Geöffnet: täglich von Mitte Juli bis Ende September

ETAPPE 13

Keine Einkehrmöglichkeiten entlang des Weges.

Übernachtungsmöglichkeit:
Konstanzer Hütte
Bahnhofstraße 39b, A-6571 Strengen
T +43 664 73 62 1816
E info@konstanzerhuette.com
www.konstanzerhuette.com
Geöffnet: Ende Juni bis Mitte September

ETAPPE 14

Einkehrmöglichkeit:
Verbellaalpe
Familie Tschofen
Wormser Höhenweg
A-6794 Gaschurn
T +43 55 58 83 26
Geöffnet: von Anfang Juli bis Anfang September durchgehend

Einkehrmöglichkeit und alternative Übernachtungsmöglichkeit *(liegt auf der Etappe, aber nicht am Etappenziel):*

Heilbronner Hütte
A-6794 Gaschurn
T +43 664 18 04 277
E info@heilbronnerhuette.at
www.dav-heilbronn.de
Geöffnet: Ende Juni bis Anfang Oktober

Übernachtungsmöglichkeiten:
Alpengasthof Zeinisjoch
Familie Ernst Lorenz
Hnr. 122, A-6563 Galtür
T +43 54 43 82 33
E info@zeinisjoch.com
www.zeinisjoch.com
Geöffnet: von Anfang/Mitte Juni bis Anfang Oktober täglich

Pension Zeinissee
Familie Lorenz
Zeinisjoch, A-6563 Galtür
T +43 54 43 85 62 oder +43 664 87 57 463
E zeinissee@camping-galtuer.at
www.pension-galtuer.at
Geöffnet: Anfang/Mitte Juni bis Anfang Oktober

ETAPPE 15

Keine Einkehrmöglichkeiten entlang des Weges.

Übernachtungsmöglichkeiten:
Berggasthof Piz Buin
Familie Oberschmid
Silvrettastraße 90d, A-6563 Galtür
T +43 55 58 42 31
E info@buin.at
www.buin.at
Geöffnet: Mitte/Ende Juni bis Mitte Oktober

Silvretta-Haus
Radoslav Mijovic
Silvretta Hochalpenstraße 90c
A-6794 Partenen-Bielerhöhe
T +43 55 58 42 46
E info@silvretta-haus.at oder silvrettahaus@illwerke.at
www.silvretta-haus.at
Geöffnet: Mitte/Ende Juni bis Anfang Oktober

Alternative Übernachtungsmöglichkeit:
Madlenerhaus
Silvrettadorf, A-6794 Partenen-Bielerhöhe
T +43 650 72 12 010
E info@madlenerhaus-silvretta.com
www.madlenerhaus-silvretta.com
Geöffnet: Anfang Juli bis Ende Oktober
(Hinweis: vom Silvretta-Haus ca. 10 Min. in Richtung Westen)

ETAPPE 16

Einkehrmöglichkeiten:
Restaurant Silvrettasee
Silvretta-Hochalpenstraße 90d
A-6794 Partenen-Bielerhöhe
T +43 55 58 42 48
E info@gsl-tourismus.at
www.silvretta-bielerhoehe.at/de/Restaurant-Silvrettasee
Geöffnet: Mitte/Ende Juni bis Anfang Oktober

Madlenerhaus
(siehe Etappe 15, oben)

Übernachtungsmöglichkeit:
Saarbrücker Hütte
Galtür 19c, A-6563 Galtür
T (Hütte): +43 55 58 42 35 oder +43 650 83 01 434
T (Tal): +43 664 89 25 587
E info@saarbrueckerhuette.com
www.saarbrueckerhuette.com
Geöffnet: Ende Juni bis Mitte September

ETAPPE 17

Keine Einkehrmöglichkeiten entlang des Weges.

Übernachtungsmöglichkeiten:
Tübinger Hütte
Im Garneratal 222, A-6793 Gaschurn
T (Tal): +43 644 25 30 450
T (Hütte): +43 664 12 09 772
E tuebinger.huette@dav-tuebingen.de
www.tuebinger-huette.de
Geöffnet: Anfang Juli bis Ende September

ETAPPE 18

Einkehrmöglichkeit:
Vergaldaalpe
Daniel Mangeng
A-6787 Gargellen
T +43 664 53 32 554
Geöffnet: Mitte Juni bis Anfang September

Übernachtungsmöglichkeiten in Gargellen:
Tourismusinformation Gargellen
Haus Valisera 28a, A-6787 Gargellen
T +43 50 66 86 310
E gargellen@montafon.at
www.montafon.at/de/Mein-Montafon/Bergdoerfer/Gargellen

ETAPPE 19

Einkehrmöglichkeit:
Alpe Rongg
Edwin Tschofen
A-6787 Gargellen
T +43 664 45 39 277
Geöffnet: Mitte Juni bis Ende September

Übernachtungsmöglichkeit:
Tilisunahütte
A-6774 Tschagguns
Postadresse: Augasse 1c, A-6719 Bludesch
T +43 664 14 72 896
E info@tilisuna-huette.at
www.tilisuna-huette.at
Geöffnet: Mitte Juni bis Anfang/Mitte Oktober

ETAPPE 20

Keine Einkehrmöglichkeiten entlang des Weges.

Übernachtungsmöglichkeit:
Lindauer Hütte
Gauertalweg, A-6774 Tschagguns
T +43 664 50 33 456
E lindauerhuette@aon.at

www.lindauerhuette.at
Geöffnet: Anfang Juni bis Mitte Oktober

ETAPPE 21

Einkehrmöglichkeit:
Alpe Lünersee
A-6773 Vandans
T +43 55 56 75 645
Geöffnet: Anfang Juli bis Anfang September

Einkehr- und alternative Übernachtungsmöglichkeiten *(liegen auf der Etappe, aber nicht am Etappenziel):*

Douglass-Hütte
Postadresse: Mühledörfle 82, A-6708 Brand
T +43 664 44 12 378 oder
T +43 55 56 70 18 0448
E info@douglasshuette.at
www.douglasshuette.at
Geöffnet: Mitte Mai bis Mitte September

Schattenlaganthütte
Gufer 32, A-6708 Brand
T +43 676 95 62 502
www.schattenlaganthuette.at
Geöffnet: Anfang Mai bis Anfang Oktober
Ruhetag: Montag

Übernachtungsmöglichkeiten in Brand:
Brandnertal Tourismus
A-6708 Brand
T +43 55 59 555
E tourismus@brandnertal.at
www.vorarlberg-alpenregion.at/de/brandnertal/unterkuenfte-im-brandnertal

ETAPPE 22

Einkehrmöglichkeit:
Alpe Parpfienz
A-6708 Brand
T +43 5559 400
E alpe.parpfienz@aon.at
Geöffnet: Mitte Juni bis Ende September

Alpe Setsch

Übernachtungsmöglichkeit:
Alpengasthof Gamperdona
Löchera 126, A-6710 Nenzing
T +43 55 25 64 606
E info@himmelwirt.com
www.nenzinger-himmel.info
Geöffnet: Ende Mai bis Mitte Oktober

ETAPPE 23

Einkehrmöglichkeit:
Alpe Sareis
FL-9497 Triesenberg-Malbun
T +423 263 46 86
Geöffnet: Mitte Juni bis Mitte Oktober

Übernachtungsmöglichkeit:
Alpe Gamp Berghaus Mattajoch
Familie Keßler
Postadresse: Dorfstraße 20, A-6710 Nenzing
T +43 680 31 25 108
E info@gamp.at
www.gamp.at
Geöffnet: ab Mitte Mai an den Wochenenden – ab Juni bis Mitte Oktober durchgehend
Ruhetag: Montag und Dienstag

ETAPPE 24

Einkehrmöglichkeit:
Sattelalpe
Agrargemeinschaft Nenzing
A-6710 Nenzing
Geöffnet: täglich von Mai bis September

Einkehr- und Übernachtungsmöglichkeiten in Gurtis:
Tourismusverein Nenzing-Gurtis
Bazulstraße 2, A-6710 Nenzing
T +43 55 25 63 031
E info@nenzing-gurtis.at
www.nenzing-gurtis.at/unterkuenfte

ETAPPE 25

Keine Einkehrmöglichkeiten entlang des Weges.

Übernachtungsmöglichkeiten in Feldkirch:
Tourismus- und Kartenbüro Feldkirch
Montfortplatz 1, A-6800 Feldkirch
T +43 55 22 90 09
E tourismus@feldkirch.at
www.feldkirch.travel

ETAPPE 26

Keine Einkehrmöglichkeiten entlang des Weges.

Übernachtungsmöglichkeiten in Laterns:
Laterns Tourismus
Laternserstraße 6, A-6830 Laterns
T +43 55 26 212-4
E tourismusamt@laternsertal.at
www.laternsertal.at

Alternative Übernachtungsmöglichkeiten in Rankweil (von Laterns mit dem Bus 65 nach Rankweil):
Erlebnis Rankweil Gemeindemarketing GmbH
Am Marktplatz 1, 6830 Rankweil
T +43 55 22 40 51 305
E erlebnis@rankweil.at
www.erlebnis-rankweil.at/uebernachten

ETAPPE 27

Einkehrmöglichkeiten:
Alpwegkopfhaus
Alpwegkopf 1, A-6835 Zwischenwasser
Geöffnet: Mitte Juni bis Mitte November

Übernachtungsmöglichkeit in Viktorsberg:
Gemeinde Viktorsberg
Hauptstraße 36, A-6836 Viktorsberg
www.viktorsberg.at/freizeit-und-tourismus/gastfreundschaft

ETAPPE 28

Einkehrmöglichkeit:
Pfarrers Älpele
Ebnit 500, A-6850 Dornbirn
T +43 55 76 42 978
E info@pfarrers-aelpele.at
Geöffnet: Anfang Mai bis Ende Oktober
Ruhetag: Mittwoch

Einkehrmöglichkeit und alternative Übernachtungsmöglichkeit *(liegt auf der Etappe, aber nicht am Etappenziel):*

Emser Hütte
A-6845 Hohenems Fluhereck
T +43 55 76 74 721 oder +43 664 13 49 319
E emserhuette@naturfreunde.at
www.naturfreunde-huetten.at/vorarlberg/emser-huette
Geöffnet: ganzjährig
Ruhetag: Montag

Übernachtungsmöglichkeit:
Hotel Alpenrose Ebnit
Ebnit 4, A-6850 Dornbirn-Ebnit
T +43 55 76 42 997
E info@alpenrose-ebnit.com
www.alpenrose-ebnit.com
Geöffnet: ganzjährig
Ruhetag: Montag und Dienstag

ETAPPE 29

Einkehrmöglichkeiten:
Traditionsgasthof Gütle
Artur Rüscher
Gütle 11, A-6850 Dornbirn
T +43 55 72 20 15 40
E info@guetle-gasthof.at
www.guetle-gasthof.at

Gasthaus Bad Kehlegg
Thomas und Beate Sauter
Kehlegg 41, A-6850 Dornbirn
T +43 55 72 36 398
E badkehlegg@aon.at
www.badkehlegg.at
Geöffnet: ganzjährig
Ruhetag: Montag und Dienstag

Alpe Schwende
Agrargemeinschaft Alpe Schwende
Schauner 502, A-6850 Dornbirn
T +43 664 55 30 400
Geöffnet: Ende April bis Anfang November

Übernachtungsmöglichkeiten:
Berghof Fetz
Familie Moosbrugger
Bödele 574, A-6850 Dornbirn
T +43 55 72 77 400
E info@berghoffetz.at
www.berghoffetz.at
Geöffnet: ganzjährig
Ruhetag: Montag

Alpenhotel Bödele
Bödele 473, A-6850 Schwarzenberg
T +43 660 44 47 777
E info@boedele.at
www.boedele.at

ETAPPE 30

Einkehrmöglichkeiten: in Alberschwende

Einkehrmöglichkeit und alternative Übernachtungsmöglichkeit:
Alpengasthof Brüggele
Peter Oberhauser
Brüggele 332, A-6861 Alberschwende
T +43 55 79 43 91 oder +43 664 97 50 855
E info@alpengasthof.com
www.alpengasthof.com
Geöffnet: Mitte Juli bis Anfang November
Ruhetag: Mittwoch und Donnerstag

Übernachtungsmöglichkeiten in Bildstein:
Gemeinde Bildstein
Dorf 83, A-6858 Bildstein
T +43 55 72 58 384
www.gemeinde-bildstein.at/wirtschaft/tourismus/hotel-gasthoefe

ETAPPE 31

Einkehrmöglichkeit:
Panoramagasthaus Dreiländerblick
Klaus und Siegrun Huber
T +43 664 1788 396
Ruhetag: Montag

Übernachtungsmöglichkeiten in Bregenz:
Bregenz Tourismus & Stadtmarketing GmbH
Rathausstraße 35a, A-6900 Bregenz
T +43 55 74 49 59-0
E tourismus@bregenz.at
www.bregenz.travel

ALPHABETISCHES ORTSVERZEICHNIS

LITERATUR- UND QUELLENVERZEICHNIS

Wer noch mehr über Vorarlberg nachlesen möchte, wird hier fündig.

VERWENDETE LITERATUR

Barnay Markus, Fischer Elisabeth (2005) Vorarlberger Illwerke Aktiengesellschaft

Bätzing Werner (2015) Die Alpen: Geschichte und Zukunft einer europäischen Kulturlandschaft, C. H. Beck.

Brachartz Kurt (2014) Von der Alp auf den Teller, Löwenzahn Verlag.

Brändle Hermann (2009) Rätikon Reader: Bergwandern im Rätikon, Bucher Verlag.

Brugger Christine (2016) Die Schwabenkinder – Daheim war ganz weit weg, Jan Thorbecke Verlag.

Burmeister Karl Heinz (1989) Geschichte Vorarlbergs: Ein Überblick, R. Oldenbourg.

Douglass Norman (1982) Wieder im Walgau, Lingenhöle.

Fliri Michael (2018) Mission Vorarlberg, Tyrolia.

Hofmeister Sandra (2017) Holzbauten in Vorarlberg, Edition Detail.

Holtus Kurt, Ringger Kurt (1986) Raetia – Antiqua et moderna, Max Niemeyer Verlag.

Kasper Michael (Hrsg) (2015) Mythos Piz Buin. Kulturgeschichte eines Berges, Haymon Verlag.

Kasper Michael, Rudigier Andreas (2012) Montafon Lesebuch, unartproduktion.

Mayerhofer Rudolf (2007) Die schönsten Bergwanderungen in Vorarlberg, Löwenzahn Verlag.

Mittersteiner Reinhard (2001) Kraftfelder – Strom prägt ein Jahrhundert, Russ Verlag.

Nachbaur Ulrich (2013) Walser Lesebuch, unartproduktion.

Niederstätter Alois (2018) Vorarlberg Kompakt: 101 Fragen – 101 Antworten, Universitätsverlag Wagner.

Niederstätter Alois (2013) Geschichte Vorarlbergs 1: Vorarlberg im Mittelalter, Universitätsverlag Wagner.

Niederstätter Alois (2015) Geschichte Vorarlbergs 2: Vorarlberg 1523 bis 1861, Universitätsverlag Wagner.

Pichler Meinrad (2015) Geschichte Vorarlbergs 3: Das Land Vorarlberg 1861 bis 2015, Universitätsverlag Wagner.

Scheffknecht Wolfgang, Land Vorarlberg (Hrsg.) (1997) Vorarlberg Chronik, Russ Verlag.

Scholz Herbert (1995) Bau und Werden der Allgäuer Landschaft. Zwischen Lech und Bodensee: Eine süddeutsche Erd- und Landschaftsgeschichte, E. Schweizerbart'sche Verlagsbuchhandlung.

Schwärzler Sigi (2018) Grenzfieber. Land der Schmuggler und Schwärz(l)er.

AUFSÄTZE/SONSTIGE QUELLEN

Bleyle Anette (o. J.) Entstehung und Entwicklung der Vorarlberger Industrie.

Gross Günter (o. J.) Walser Gletscherwelt.

Gross Günter et al. (o. J.) Klimawandel und Klimageschichte.

Gruber Hans (2014) Mehr Gelehrte als Rom – Feldkirch und der Humanismus.

Regio im Walgau (o. J.) Im Walgau – Gemeinden gemeinsam, https://www.imwalgau.at (Stand: April 2020)

WEITERFÜHRENDE LITERATUR

Aicher Florian, Kaufmann Hermann (2015) Belebte Substanz: Umgebaute Bauernhäuser im Bregenzerwald, Deutsche Verlags-Anstalt.

Bereuter, Elmar (2018) Die Schwabenkinder, Piper Taschenbuch.

Dt. Alpenverein (Hrsg.) (2012) Berg Heil! Alpenverein und Bergsteigen 1918 bis 1945, Böhlau Verlag.

Elgass Peter et al. (2009) Naturpark Nagelfluhkette, Hephaistos Verlag.

Gabriel Ulrich, Matt Werner (2012) Dornbirn Lesebuch, unartproduktion.

Hämmerle Rudolf (1975) Otto Hämmerle und das Bödele. Wie es war und wie es wurde.

Hemingway Ernest (2012) Paris, ein Fest fürs Leben, Rowohlt Taschenbuch.

Hemingway Ernest (2016) Schnee auf dem Kilimandscharo, Rowohlt Taschenbuch.

Klagian Thomas (2014) Die goldene Schale. Spazieren in Bregenz, Bertolini Verlag.

Komarek Alfred, Walter Nikolaus (2009) Feldkirch, Bucher Verlag.

Loewy Hanno (2009) Hast du meine Alpen gesehen? Eine jüdische Beziehungsgeschichte, Bucher Verlag.

Peer Johann (2018) Denkmalguide Vorarlberg, Band 1–5, Bucher Verlag.

LEGENDE WANDERKARTEN

TOPOGRAFIE

	Wald, Forst	900	Höhenlinien
	Siedlungsfläche		Staatsgrenze

TOPOGRAFISCHE EINZELZEICHEN

	Gipfel / mit Kreuz		Wegkreuz, Bildstock
	trigon. Höhenpunkt, Höhenpunkt		Turm
	Kirche, Kapelle		Sendemast
	Kloster		Quelle, Wasserfall
	Friedhof		Denkmal, Pass
	Ruine		Schloss

TOURISTISCHE INFRASTRUKTUR UND WICHTIGE TOURENPUNKTE

	Krankenhaus	P	Parkplatz
	Museum, Theater	i	Tourismusinfo
	Badegelegenheit, Schwimmbad		Gasthaus, Hotel
	Hütte bewirtschaftet, Kirche		Bergbahn, Museum
	Konzertbühne, Kulturzentrum		Foto-, Aussichtspunkt
	Erlebnispfad, Rundweg		Plateau, Pass
	Schlucht		Burg

STRASSEN, WEGE, LIFTE UND TOUREN

A14	Autobahn, Schnellstraße		Fußweg
B23	Bundesstraße		Eisenbahn
L356	Landesstraße		Gondel-, Kabinenbahn
	Gemeindestraße		Sessel-, Schlepplift
	Hauptwirtschafts-/ Wirtschaftsweg	S	Min Weag, Startpunkt

Die Autoren
Wer weiß über die landschaftliche und kulturelle Schönheit Vorarlbergs am besten Bescheid? Genau: Das Team von Vorarlberg Tourismus und einer, der tagtäglich und am liebsten darüber schreibt. Gemeinsam haben sie sich dem Rundwanderweg „Min Weag" gewidmet und diesen Wanderführer zusammengestellt. Entwickelt wurde der Rundwanderweg von Vorarlberg Tourismus gemeinsam mit den heimischen Bergführern Markus Moosbrugger, Hanno Dönz und Helmut Düringer nach einer Idee von Joe Metzler.

Die Vorarlberg Tourismus GmbH, ein Unternehmen von Land Vorarlberg und Wirtschaftskammer Vorarlberg, stellt als Landestourismusorganisation die Stärken des Urlaubslandes ins internationale Schaufenster. Den Wanderführer „Min Weag" legen sie jedem ans Herz, der die landschaftliche und kulturelle Vielfalt des Landes erkunden und sich aufmachen möchte in das Abenteuer Weitwanderung.

Gernot Schweigkofler ist Journalist und betreibt einen Reiseblog (www.wundrig.at). Er ist ein von Grund auf neugieriger Mensch und interessiert sich für fremde Plätze und Kulturen, ist aber ebenso seinem Heimatland Vorarlberg verbunden. Für den Wanderführer „Min Weag" hat er allerlei Geschichten über Land und Leute zusammengetragen.